一口氣搞懂
原物料商品

《經濟學人》教你看懂市場運作，
掌握世界經濟脈動、學會高報酬投資必備的一本書

GUIDE TO
COMMODITIES

**Producers, Players and Prices;
markets, consumers and trends**

Caroline Bain
卡洛琳・拜恩————著　　陳儀、王秋月————譯

2nd Edition

Guide to Commodities 2nd Edition: Producers, players and prices; markets, consumers and trends
Copyright © The Economist Newspaper Ltd, 2021
Text copyright © Caroline Bain, 2021
This edition arranged with Profile Books Ltd through Andrew Nurnberg Associates International Limited
Traditional Chinese edition copyright: 2023 FACES PUBLICATIONS, A DIVISION OF CITE PUBLISHING LTD.
All Rights Reserved.

企畫叢書　FP2257Y

一口氣搞懂原物料商品

《經濟學人》教你看懂市場運作，掌握世界經濟脈動、學會高報酬投資必備的一本書

Guide to Commodities 2nd Edition: Producers, Players and Prices; markets, consumers and trends

作　　　者　卡洛琳‧拜恩（Caroline Bain）
譯　　　者　陳儀、王秋月
責 任 編 輯　謝至平
行 銷 企 畫　陳彩玉、林詩玟
封 面 設 計　吳郁嫻

出　　　版　臉譜出版
　　　　　　城邦文化事業股份有限公司
　　　　　　台北市民生東路二段141號5樓
　　　　　　電話：886-2-25007696　傳真：886-2-25001952
發　　　行　英屬蓋曼群島商家庭傳媒股份有限公司城邦分公司
　　　　　　台北市中山區民生東路二段141號11樓
　　　　　　讀者服務專線：02-250077一八；25007719
　　　　　　24小時傳真專線：02-25001990；25001991
　　　　　　服務時間：週一至週五09:30-12:00；13:30-17:00
　　　　　　劃撥帳號：198 813　戶名：書虫股份有限公司
　　　　　　讀者服務信箱：service@readingclub.com.tw
　　　　　　城邦網址：http://www.cite.com.tw
香港發行所　城邦（香港）出版集團有限公司
　　　　　　香港灣仔駱克道193號東超商業中心1樓
　　　　　　電話：852-25086231或25086217　傳真：852-25789337
馬新發行所　城邦（馬新）出版集團
　　　　　　Cite（M）Sdn. Bhd.（458372U）
　　　　　　41-1, Jalan Radin Anum, Bandar Baru Sri Petaling,
　　　　　　57000 Kuala Lumpur, Malaysia.
　　　　　　電話：+6(03)-90563833　傳真：+6(03)-90576622
　　　　　　讀者服務信箱：services@cite.my

三 版 一 刷　2023年7月

城邦讀書花園
www.cite.com.tw

ISBN 978-626-315-318-9（紙本書）
ISBN 978-626-315-320-2（EPUB）

版權所有‧翻印必究
售價：NT$ \$420
（本書如有缺頁、破損、倒裝，請寄回更換）

國家圖書館出版品預行編目資料

一口氣搞懂原物料商品：《經濟學人》教你看懂市場運
作，掌握世界經濟脈動、學會高報酬投資必備的一本書
／卡洛琳‧拜恩（Caroline Bain）著；陳儀、王秋月譯. --
三版. -- 臺北市：臉譜，城邦文化出版；家庭傳媒城邦
分公司發行, 2023.07
　　面；　　公分. --（企劃叢書；FP2257Y）
譯自：Guide to commodities 2nd Edition: producers, players
　　and prices; markets, consumers and trends
ISBN　978-626-315-318-9（平裝）

1.CST: 商品期貨 2.CST: 期貨交易 3.CST: 投資
563.534　　　　　　　　　　　　　　　112007767

目次

致謝 5

簡介 6

第一部　市場基本面

原物料商品經濟學 10

作為金融資產的原物料商品 30

第二部　基本金屬及貴金屬

鋁 42

鈷 55

銅 65

黃金 79

其他貴金屬 92

　白銀 92

　鉑金 97

　鈀金 103

鉛 108

鎳 120

錫 132

鋅 144

第三部　能源

煤炭 158

天然氣 169

原油 182

第四部　農產品

可可 200

咖啡 210

棉花 219

玉米 228

稻米 239

天然橡膠 250

黃豆 260

糖 269

小麥 280

詞彙解釋 289

統計資訊來源 298

［致謝］

　　我要謝謝我女兒潔西・戈登（Jessie Godden），她一直是我前進的動力，她閱讀了所有篇章並給予反饋。我也要感謝當年在經濟學人智庫（Economist Intelligence Unit）共事的同事，他們支持我更新八年前在那裡工作時寫的第一版書，以及所有協助我完成本書的原物料專家。

　　最後，感謝出版社 Profile Books 每位成員的協助、引導和熱情，尤其是凱薩琳・蓋森（Catherine Garson）在編輯過程中的鉅細靡遺。

［簡介］

　　人類日常生活中充斥著各式各樣至少局部以天然資源製成的產品，包括我們身上穿的衣服、桌上吃的食物、每天開的愛車、居住的房子和隨時隨地不離手的電子裝置等。人類終其一生都極端依賴原物料商品過活，而且，隨著國家經濟漸漸發展，人均所得愈高，原物料商品的消費量也會增加。

　　天然資源的探勘及提煉活動，是人類及經濟發展歷史上不可或缺的一環。各種金屬的發現及後續決定每種金屬潛在用途的諸多實驗，向來是促進經濟持續發展及生產力躍進的催化劑。幾千年以來，人類一直在交換與交易天然資源，尤其是農產品，這些交易活動大半是在世界各地的市集進行。交易者經常會不遠千里地帶回本地沒有生產的商品，再輕易地以高價轉售。世界上第一個正式的原物料商品交易所誕生於十九世紀中期，主要是為了滿足因美國快速工業化而持續成長的需求。

　　原物料商品具備非常多獨特的特性，包括：它們的品質通常始終如一，而且產品差異性非常小。基於這個原因，多數原物料商品都有一個全球性的價格或標竿，這在眾多產品當中，是很罕見的情況。工業用原物料商品通常是作為生產其他商品或服務的投入原料，通常這種原物料商品開採出來後，要經過某些精煉的流程。農業原物料商品也通常會以某種方式進行精煉或加工後，

再製作成食品、飼料或紡織品的組成成分。同時，能源商品，如原油或煤炭，必須經由提煉或轉換為動力。也因如此，一般消費家庭鮮少直接購買原物料商品，通常是製造業公司以中間商品的形式購買。

最廣義來說，「原物料商品」一詞可用來形容所有的貿易商品（traded good）——通常它被用來形容實體的商品而非服務，不過有時兩者都適用。自古以來，這個字眼也被用來形容某種有品質或價值的東西，不過這個解讀方式大致上已經過時，只有少數貴金屬還適用。近幾年來，這個字眼也衍生出非常多動詞，包括「商品化」（commodify）和「平價商品化」（commoditise），前者是指讓某種東西變得具有商業可行性，後者則用來形容當商品的差異性變得難以辨別時，會削弱該商品生產者的定價能力。

本書則是聚焦在較狹義（也可以說較純粹）的原物料商品定義，也就是天然資源或原料，包括礦產品和農產品。我們將檢視這些商品的消費、生產及市場趨勢，還有過去多年的價格走勢與未來的可能變化。總之，這是一本包羅萬象的原物料商品指南書，如果你需要了解這些商品的種種細節，絕對可以從中取得非常精確且有助益的解釋。

本書還從總體經濟的角度來討論原物料商品。第一部介紹與原物料有關的經濟議題，以及它們在金融市場上扮演的角色。第一章概述有關原物料的需求與供給的總體經濟理論，以及決定價格變動的因素。第二章闡述原物料商品近些年作為投資性資產的成長趨勢、概述主要的相關金融工具，並探討為何投資人會想投資天然資源和原料。

第二部至第四部涵蓋三種主要類型的原物料商品：基本金屬

及貴金屬、能源和農產品。我們會盡可能以一致的模式來介紹每一個類別的主要原物料商品,同時將討論它們的特性、用途、主要消費者和消費趨勢、主要生產者和生產趨勢、交易處所、價格發展和整體展望等。

在書的最後還附上詞彙解釋表和主要統計資訊來源。

第一部

市場基本面

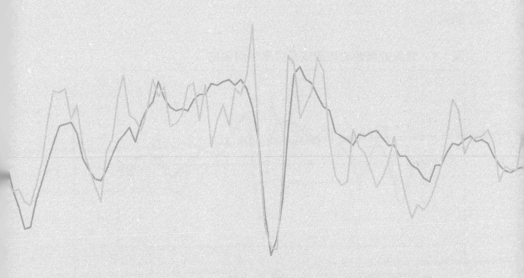

［原物料商品經濟學］

一般而言，逐步走向工業化及城市化的國家通常會需要愈來愈多的工業原料和能源。圖1.1顯示了新興經濟體的GDP成長率與原物料價格指數的關係。雖然兩者的走勢並不完全相疊合，但它足以證實近年來開發中國家的成長是原物料需求與價格的主要驅動力。

圖1.1／新興經濟體的經濟成長與原物料價格

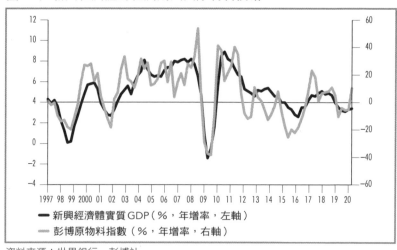

新興經濟體實質GDP（％，年增率，左軸）
彭博原物料指數（％，年增率，右軸）

資料來源：世界銀行、彭博社

反之，當國家的經濟發展達到一定程度，變成較服務導向的

國家後，上述工業原料的需求量就會減少。美國和歐洲自然也曾經歷過這樣的原物料商品消費型態。圖1.2展示了銅的消費量與人均收入的關係，從圖中明顯可以看出，高收入國家的銅使用量相對較低。（需要注意的是，銅的消費不包括含銅的進口商品，如果把這些進口商品也囊括在內，銅的消費量會更高，特別是在歐盟和美國。）

圖1.2／二〇一九年銅消費量與收入的關係

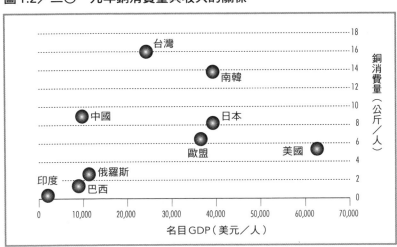

資料來源：世界金屬統計局、聯合國開發計畫署

　　儘管歷史顯示這種關於原物料密集度與經濟成長的理論依舊說得通，但卻不宜以這麼粗略的推論來估算未來的原物料商品消費及生產趨勢，因為這個理論假設所有國家的經濟發展路線都是一模一樣的，但其實並不盡然。如圖1.3所示，能源商品也是一個具代表性的例外，其消費量隨著人均收入的成長而緩步成長。無可否認，歐盟的石油需求量似乎在下降，但這與燃料效率的提

升、為保育所做的努力和對環境的關注更相關，而不是因為市場飽和所致。（如圖1.3所示，日本和歐盟的消費量比其他發達經濟體略低，但這反映的是相對較高的人口密度與公共交通工具使用的普遍性。）

圖1.3／二〇一九年石油消費量與收入的關係

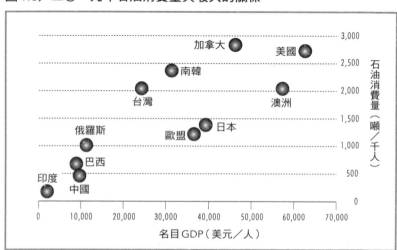

資料來源：BP石油公司、聯合國開發計畫署

在一九七三年和一九七九年兩次石油危機之後的時期，原物料商品價格普遍低迷，實質價格也在下降，因為當時的經濟成長是由已開發國家的服務部門所推動的。疲軟的價格和需求前景，造成對自然資源開採的投資意願低落。

然而，這一切在二〇〇〇年後發生了變化。中國經濟的飛速向上發展，催化了其他新興經濟體（其中許多是主要的原物料商品生產國，它們從增加的需求跟價格中獲益）加速成長。這些國家需要建築運輸網、電網和住宅，因此，全球原物料商品的需求

也大幅增加。此外，中國選擇依循傳統的工業化路線，以重工業、製造業和基礎設施建設為重點。隨著中國成為世界製造中心和全球化的真正開始，原物料商品的需求大增。在此同時，過往對供給的投資不足，也表示需求的成長速度遠超過供給，也因此造成原物料商品價格上漲的巨大壓力。自二○一○年以來，中國的經濟成長開始放緩，供給已經趕上了需求，對價格則造成負面影響。

這是另一個超級循環嗎？

很多人喜歡用一個理論來解釋近幾年原物料商品需求大增的現象，這個理論主張，我們正處於另一個原物料商品超級循環（supercycle），所謂超級循環是指原物料商品價格從谷底上漲到高峰、再從高峰跌回谷底的時間非常久，大約是十五至二十年，甚至更久的週期。典型來說，這種週期通常具備以下特質：全球經濟發生基本或結構性轉變、戰爭、革命或重大科技創新，如運輸或通訊創新等。

圖1.4是一八六二年以來的《經濟學人》（The Economist）工業用原物料商品名目價格指數。我們特別圈出了原物料商品價格通貨膨脹時期。在這些時期，全球經濟都發生了一些結構性的變化，像是美國的工業化、歐洲及日本在第一次和第二次世界大戰後的重建、一九七○年代的石油危機和波灣戰爭，最後一次則是中國的工業化。

圖1.4／《經濟學人》工業用原物料商品價格指數

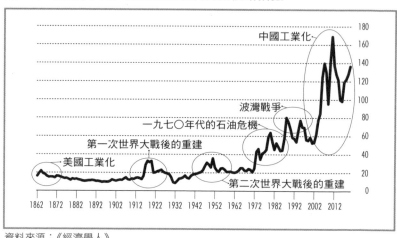

資料來源：《經濟學人》

　　兩名經濟學家針對超級循環分別發展出各自的分析基礎架構，並提出詳細的解說；他們分別是俄羅斯的尼古拉‧康德拉季耶夫（Nikolai Kondratiev）和美國的約瑟夫‧熊彼得（Joseph Schumpeter）。康德拉季耶夫利用原物料商品價格、利率、工業生產和對外貿易等要素來概述長週期循環（long wave）──即涵蓋四十至六十年的循環。康德拉季耶夫循環的特色是：最初經濟活動穩定上升、低利率和物價上漲，然而，隨著資產價格泡沫開始形成，轉折點（或稱轉捩點）就會出現，接下來，利率將開始上升，經濟成長則趨緩。這個循環的最後階段就是經濟衰退或蕭條，而且到了這時，先前經濟榮景時期所累積的過剩產能就會開始瓦解。

　　在漫長的超級循環裡，也常會出現一些短期的波動，這些短期波動通常是因某些外生（exogenous，指未被考慮到的變數）或

預料外因素（如氣候或地緣政治事件）所造成，這些因素可能改變原物料商品價格的既定趨勢。熊彼得的研究就是聚焦在大型超級循環裡的這種較短期循環。

　　把這個理論應用到原物料商品，便可以推演出一個結論：一旦全球經濟出現結構性或根本變化──如戰爭、革命或運輸及通訊領域的重大創新──人類對天然資源的需求將暴增。由於供給無法滿足意外暴增的需求，資源的價格會上漲。接下來，原物料供給將隨著需求漸漸增加。只不過，以多數工業原料（如金屬或能源）來說，要新增穩定的供給量，有時可能得花上好幾年的時間，所以價格將維持相對高檔一段時日。而等到供給終於漸漸能滿足需求後，消費水準可能已經開始降低，價格也會開始下降。這種情況已經發生在中國的金屬消費量上。圖1.5顯示中國每年銅消費量的成長放緩，但同時也說明了在基數非常高的時期，放

圖1.5／中國的銅消費量

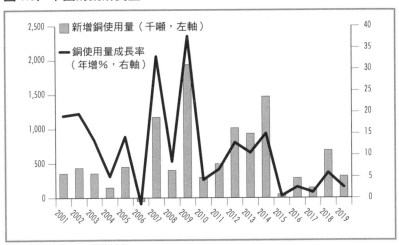

資料來源：世界金屬統計局

緩的成長率背後代表的仍是以噸計算的增加量。中國對許多原物料商品的消費量似乎很可能在二〇三〇年之前達到頂峰，然後便會開始下降。

　　不可否認的，經濟學家總喜歡訴諸理論來解釋全球經濟的現況，然而，這個理論（如果你認同它的話）的確也有重要的實務用途。投資決策——尤其是和礦業及能源產業有關的決策——都是以需求及價格的長期展望為基礎。此外，擁有豐富天然資源的國家也有必要了解原物料商品價格的可能趨勢。

　　對超級循環理論存疑的人主張，這幾個原物料高價期其實只是一種循環性的現象，它很類似各個經濟體利用財政及貨幣政策所製造的那種整體性的週期。如果真是這樣，我們可以說二〇〇〇年至一〇年這十年間的原物料商品價格飆漲，其實是超級寬鬆的貨幣情勢所促成：寬鬆政策導致通貨膨脹上升，並促使原物料商品出現大多頭行情。這也助長了投資人的風險偏好（原物料商品是「風險」資產），因為債券的收益率非常低。

「石油峰值」有了全新的含義

　　也有人用另一個以石油市場為中心的理論（以及石油為有限能源的論述）來解釋原物料商品市場的種種發展，但這個理論的成果並不理想。這個理論是從地質學家金・休伯特（M. King Hubbert）於一九五六年發表的一篇研究報告逐漸演變而來，當時他任職於殼牌公司（Shell）位於德州休士頓的研究實驗室。這個理論主張，世界原油年度供給量已達高峰值，未來將逐步下降，而這個事實將對油價造成永久性的上漲壓力。

　　這個理論主張所有類似石油、銅或煤炭等有限資源的生產模式都像一條鐘形曲線，換言之，到達一定的時點後，產量勢必會達到高峰並進而逐步降低，而產量降低的型態將呼應上升的型態，而且取決於可取得礦藏量的多寡。

　　毫無疑問地，若根據這個理論，整個世界將開始爭奪日益稀少的資源，到最後，各方勢必會爆發衝突，甚至開戰。隨著美國的石油產量從一九七〇年開始下降，休伯特的理論似乎得到了驗證。然而，隨著科技的進步，從頁岩層中提取來自非傳統來源的石油，使美國的石油產量在二〇一〇年至一九年間飆升。石油峰值理論的問題之一是，在這個理論的原始模型裡，科技和價格等條件全都維持不變。然而，隨著油價走高和科技日新月異，不管是就技術或經濟層面來說，非傳統油田的開採都變得可行且有利可圖。

　　事實上，當今的世界已變得非常不同，如今談論「石油峰值」時，我們指稱的是石油的需求峰值，而非供給峰值。車輛在能耗效率上有了顯著的進步，交通運輸部門在未來幾十年間，會大幅度地轉為以電驅動的模式。即便是放眼未來的五到十年間，開發中國家的擁車率也會大幅成長，我們似乎也很可能見到全球石油使用量的峰值。

　　然而，休伯特的確培養出世人對於很多工業原料（不僅石油）是有限資源的認知，促成金屬回收和節能等積極正面的作為。

供給安全的憂慮

　　休伯特最初的石油峰值理論也許是世人對原物料商品供給安

全（supply security）憂慮的一種極致表現。自古以來，各國捍衛天然資源的種種作為經常導致地緣政治情勢陷入緊張，而資源民族主義（形容有些國家不讓外國勢力或跨國企業開採天然資源）的興起，更讓高度依賴進口天然資源的國家憂慮不已。從第二次世界大戰以來，很多國家都竭盡所能地設法在各項資源上達到自給自足，一九五〇年代的南美及當今中國的發展模型就是顯著的明證，至少它們都力求達到「多數基礎食物自給自足」的目標。根據標準貿易理論，一個國家應該生產它本身擁有相對優勢的商品，並拿這些商品與其他國家交易；不過，如果一個國家必須仰賴進口來取得它認為「必要」的物資，那它當然會對自身的脆弱性有所察覺。

　　於是，食物供給安全和能源供給安全問題變得高度泛政治化，其中，能源供給安全更成為某些資源短缺國的重要外交政策考量之一。過去幾十年間，農業原物料商品的出口國常在收成不好的年度實施貿易管制；水源匱乏的中東國家則購買很多土地，或是到具有農業發展潛力的國家投資；另外，中國也在資源豐富的國家從事非常大規模的投資，尤其是非洲國家。這種種作為的目的，都是為了確保國家能取得國內消費所需的必要天然資源供給。另外，供給中斷的憂慮（而非實質中斷）有時就足以對原物料商品價格造成強大的影響。二〇一二年至一四年間，石油價格超過每桶100美元，部分是出於擔憂中東地區內亂（阿拉伯之春）會擾亂石油的生產。（碰巧的是，這種破壞是有限度的。）

生產者的行為

由於世界上很多資源的供給都有明顯的地理集中性，例如白銀及銅的大量供給帶明顯集中在美洲，而東南亞則是錫的主要生產區，這代表少數的生產者有可能成為左右價格的強大參與者。

然而，二十世紀期間，生產國幾度企圖取得價格設定權，但最後卻都沒有得逞，例如第二次世界大戰後，生產國與消費國之間在小麥、糖、錫、咖啡等原物料商品項目上簽訂了協議。接著在一九七〇年代兩次石油危機後，協議擴大到可可與天然橡膠。這些協議具有法律約束力，允許各國政府用貿易限制和庫存管理（緩衝庫存）的方式來穩定價格。雖然這些協議最初都推展得很順利，但最後全部瓦解。人為支持價格，既鼓勵了替代（錫被鋁取代），也造成了生產過剩（天然橡膠庫存過剩）或吸引新企業進入市場（越南開始生產咖啡）。

唯一倖存至今且擁有強大市場影響力的類卡特爾（cartel）組織是石油輸出國家組織（OPEC），目前該組織的石油供給量約占全球的30％。OPEC試圖設定一個既能滿足石油市場需求，但又不會導致價格下跌的產出目標（除非油價大幅上漲到無以為繼的情況，它才會上修產出量）。成立於一九六〇年的這個組織歷史交替多變（成員之間有時會發生軍事戰爭，如伊朗跟伊拉克），成敗毀譽也大致參半。然而，它之所以能夠生存下來，或許是因為OPEC並不受法律約束（這不同於其他原物料商品協議）。例如，它能靈活應對不斷變化的市場環境，並決定要優先提高價格還是市占率。儘管如此，該組織的權力也有限制，像是如果會員國藐視組織設定的目標，或不遵守OPEC的主要政策，它也不能

加以懲罰。此外,所有會員國裡只有沙烏地阿拉伯擁有足以調節產量的產能——它可以為了影響油價而大幅增加產出。

　　二〇一〇年以來,美國頁岩油的產量激增,令人開始質疑OPEC是否逐漸失去影響油價的力量。二〇一八年,美國超越了沙烏地阿拉伯,再次成為世界最大的石油生產國。或許正是因為意識到影響力減弱,OPEC在二〇一六年與其他十個產油國,包括俄羅斯與墨西哥在內,共同組成了「OPEC+」,其石油供給量約占全球的55%。

資源是天上掉下來的禮物嗎?

　　表面上看起來,擁有眾人夢寐以求的資源的國家,確實有著令人豔羨的優勢,因為它們可以運用這些資源來發展國家的經濟(無須擔憂供給問題),再把剩下的資源拿來外銷,而且就理想狀態來說,它們還能用非常吸引人的價格把資源賣給其他國家。事實上,正是國內的煤炭儲備促成十八世紀歐洲與美國的工業化,而黃金儲備支撐了十六世紀巴西的經濟。然而,實際上來說,某些擁有豐富天然資源的國家,卻也是國民所得或經濟發展方面最弱勢的國家,導致眾人議論起「資源詛咒」(resource curse)。當然也有例外,像是經濟高度依賴石油與天然氣收入的挪威,其良好的治理與高水準的人均所得贏得讚譽;不這麼發達的經濟體,像是智利(銅)與波札那(鑽石)也有良好的治理,然而這並不是原物料商品出口國的常態。綜觀自古以來的經濟發展史,擁有豐富資源對一個國家來說,存在許多隱患。

　　造成這個現象的原因之一是,資源產業有可能對經濟體系的

其他部分造成排擠效果。擁有寶貴資源——尤其是在國際市場上價格高昂的資源——的國家可能反而因此失去發展其他經濟的誘因。此外，原物料商品出口所帶來的優渥收入往往導致政府支出增加，進而導致通貨膨脹。

資源出口的興盛以及因這些資源而吸引到的外國投資資金，有可能促使該國匯率大幅升值，讓該國的其他出口產業喪失競爭力，同時也讓進口意願上升（這又導致它們發展國內產能的誘因進一步降低）。一九七〇年代時，《經濟學人》雜誌的一篇文章為這個現象冠上「荷蘭病」（Dutch disease）的名稱，這篇文章是檢視荷蘭一九五〇年代發掘大量天然氣的後遺症：天然氣出口收入促使該國匯率升值，但它的製造部門因匯率升值而衰退。

除了農業以外，資源部門（礦業、林業及能源）的勞動人口往往不多，所以這個部門對整體經濟成長的貢獻也不一定大。

綜觀歷史，自然資源豐富的國家也更加容易陷入軍事衝突中，過去一個世紀裡，在富含石油的中東地區，地緣政治緊張局勢與國外勢力的干涉頻率一直居高不下，這並不是巧合。

所有與自然資源相關的財富也造就了食利行為（rentier behaviour，譯注：單純靠投資收取獲利的行為），許多原物料豐富的國家同時也在世界腐敗國家排行榜上名列前茅。這意謂政府收入對稅基的依賴程度降低，最終也會導致他們對公眾的負責程度低落。

儘管自然資源可以帶來財富，但原物料商品的價格波動非常大。如果原物料商品的收入是財政預算主要的來源，那麼這種波動可能會破壞經濟的穩定並對政策制定構成挑戰。

擁有資源的開發中國家還得擔憂另一個問題：因為外國企業

擁有較優異的必要開採技術，所以，資源開採的經濟利益有可能不成比例地流入這些企業的口袋，生產國未必能明顯蒙受其惠。OPEC的誕生部分是基於民族國家不願意受大型跨國石油公司約束的渴望。近期，印尼禁止出口錫和鎳礦石，試圖發展國內的煉油業。西非現在也研磨更多的可可豆，儘管大多數可可豆都還是在歐洲和美國研磨。

認知到價格波動的問題，許多原物料商品生產國於是開始經營主權財富基金（sovereign wealth fund），將過多的流動性（liquidity）存放在國內經濟體系之外，並防止出售資源的所得全部被耗用在政府的經常性支出（而非資本投資）上。另外，這些基金有時也可以在商品價格低迷時提取，為經濟注入穩定性。

降低碳排放量

因應氣候變遷議題進而漸成為主流價值的「減少碳排放」趨勢，會在未來幾年對原物料商品的供給與需求產生深遠影響，畢竟化石燃料終究占了全球碳排放的65％。冒著將大量文獻資料濃縮成幾段文字的風險，以下簡述的是，如果世界各國政府迅速採取行動減少碳排放，會對自然資源產生的可能後果。

承上所述，交通運輸部門擺脫化石燃料是大勢所趨，然而，更重要的是這種轉型的速度有多快。有鑒於70％的石油需求來自運輸部門，這也表明全世界的石油需求可能很快會下降。目前看來，「油轉電」是個漸進的過程，但也可能出現技術上的重大突破（尤其是在航空與海運產業）或是因為政府政策的積極主導而導致石油需求以更快的速度下降。石油價格將崩潰，導致石油生

產設施大範圍關閉，北海等成本較高的油田可能會首當其衝，而中東超低成本的產油國很可能是最後僅存的生產國。

至少在短期內，由於天然氣的碳排放量較低，而且目前是間歇性可再生能源的備載燃料，它的發展可能會比石油更好。然而，如果要實現淨零碳排的目標，天然氣也必須逐步從能源結構中淘汰。

與此同時，許多國家正努力減少煤炭在發電組合中的比例，這現象在歐洲尤其明顯。儘管如此，煤炭相對較低的成本，以及在許多開發中國家儲量豐富的事實，也意味著煤炭的使用還將持續好一段時間。身為全世界最大的煤炭消費國，中國已經承諾於二〇六〇年實現零碳排經濟的目標。但截至本文撰寫之際，中國並沒有提供任何具體細節。可能的做法是使用碳捕捉與封存（CCS，即將燃煤發電產生的二氧化碳捕捉並封存到地下，使其不進到大氣層中）技術，若是如此，它將繼續仰賴化石燃料。然而，中國也已經是世界上最大的可再生能源生產國。

這事實或許會讓你感到意外：某些金屬的需求可能會隨著氣候變遷相關的政策而激增。特別是在電動車與再生能源中大量使用的銅，以及用於電動車電池中的鈷和鎳。大體說來，綠色能源的基礎設施對於金屬的需求很高。然而，由於愈來愈多的精煉金屬可能來自二次（回收）使用，這趨勢也會抑制開採更多金屬的需求。

農業原物料商品的前景則不這麼明朗。如果不努力減少碳排放，氣候變遷造成的後果可能改變各地區的農作物栽種能力。低窪國家發生水患的機率增加，會影響糧食安全與農業產量，無力負擔防洪設施的貧窮國家會遭受的衝擊尤其嚴重。此外，農業部

門可能也需要尋找能取代化石燃料製的殺蟲劑與化肥的替代品。

決定原物料商品價格的因素

　　生產原物料商品的成本無形中就像是原物料商品價格的最底線，其中，生產商尤其常根據邊際生產成本（marginal cost of production）——即增加一單位產出的總成本變化——來決定是否推動一項專案。理論上來說，如果某原物料商品的價格跌破邊際生產成本，生產商理當會縮減產出量。然而，在現實的世界裡，生產者有時還是會基於期待價格回升的心態而繼續生產；另外，如果市場上存在一些扭曲因素（如政府補貼），生產商也會選擇繼續生產。

　　研判原物料商品價格的總體經濟分析法，則考慮到更廣泛的變數，這種方法將價格視為需求／供給以及存貨（庫存）行為的函數。舉個例子，如果庫存下降，價格通常會有上漲壓力，因為這表示需求成長速度超過供給，而且庫存下降也會讓市場變得更容易因非預期的供給中斷而受到衝擊。如果一項原物料商品的需求增加幅度相對高於供給，均衡價格（equilibrium price，亦稱市場清算價格〔market-clearing price〕，在這個點上，買方和賣方對價格及數量要素都很滿意）就會提高。

　　理論上來說，需求應該和經濟成長及所得呈正相關，但這個關係並非絕對。需求不盡然永遠都能被滿足；也可能出現對某種商品的需求量愈來愈大，但此時價格不巧過高，或供給量不足，在這種情況下，需求就難以全面獲得滿足（見圖1.6）。要預測一項商品的消費水準，必須得先了解其需求的價格彈性（price elasticity of demand，指價格變動後，消費型態會出現什麼回應）：當價格上漲，消費會開始降低，或是維持不變（稱為需求完全彈性〔perfect elasticity〕）？

圖1.6／需求曲線

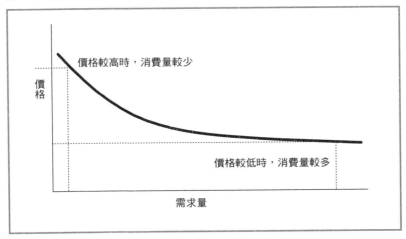

一般來說，如果一樣商品被視為必需品，它的價格彈性就比較低，但問題是，美國人眼中的必需品（如汽油）有可能是他國人民眼中的奢侈品。其他影響價格彈性的因素還包括替代物品（可能比較便宜）的可取得性及價格變動的持續期間。原物料商品的價格在短時間內急速上漲，不可能導致習慣或消費水準改變，不過，價格長時間上漲卻可能導致消費量永久降低。

另一個應考慮的關係是需求的所得彈性：所得的增加會導致某樣商品的消費量增加、減少或不變？雖然你可能認為所得增加將會促使消費量增加，但如果是諸如基本穀物之類的原物料商品，所得增加可能反而代表消費習慣轉變：它會促使一般人偏好

較昂貴的食物，如肉類。

供給面也不容易預測。農產品和某些礦業的產出有可能受無法預測的氣候影響，而且農產品產出量也可能受流行疾病影響。地緣政治事件、勞工抗爭和政府稅賦、貿易或所有權政策的改變，都可能干擾到供給。另外，也必須把供給的反應速度列入考慮。例如，某些農產品（糖、黃豆）的生產者可能有辦法在較短時間內（快則可能在一季內）對需求或價格的變化做出反應，但其他農業原物料商品（咖啡或橡膠）則要花較長的時間種植。而以礦業和能源產品的增產速度來說，新產能甚至可能要花十年才能真正投產。這些工業用原物料商品還面臨其他限制，包括在開發必要基礎建設時，會需要很多技術勞工和大量資本投資。

庫存水準也隱含不確定性，這些不確定性多半和庫存規模及品質不透明有關。很多國家可能會針對某些原物料商品建立策略性儲備或庫存，而如果這些國家選擇不對外揭露相關的庫存水準，該國表面上對一項原物料商品的現貨消費量，有可能遠比實際消費量高。然而，庫存也可能有助於緩和因一次性供給中斷而衍生的問題，讓相關原物料商品不至於突然無法或難以取得。

以目前的環境來說，光是評估市場基本面（供給、需求和庫存），根本不足以判斷一項原物料商品的價格趨勢。原物料商品投資需求的大幅上升，代表我們在判斷其價格趨勢時，還必須考量其他因素，包括：

■ 全球流動性水準與貨幣政策趨勢：高流動性或寬鬆貨幣政策（低利環境），會促進生產性的投資，進而導致原物料商品的需求上升。此外，低利率也會增加原物料商品相對於股票或

債券等其他（以股息或收益率的方式提供報酬）金融資產的
吸引力；原物料商品的投資人只能從資本收益中獲利。

■ 美元的價值：大多數原物料商品都是以美元計價，所以這兩
　者向來存在反向的關係（見圖1.7）。如果美元升值，以當地
　貨幣計價的原物料商品就會變貴，這可能導致需求減弱，給
　原物料商品價格造成下行壓力。更重要的是，強勢美元可以
　鼓勵生產（對價格是負面影響），因為生產者以當地貨幣計
　價可以賺取更多的收入。

圖1.7／美元與原物料商品價格指數

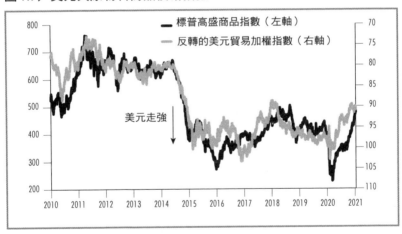

資料來源：路孚特（Refinitiv）

■ 投資人的風險偏好：原物料商品通常跟股票一樣被歸類為風
　險資產。（黃金例外，與政府債券一樣被視為避險資產。）
　在經濟強勁成長且穩定的時期，投資人更可能尋找風險更高
　的投資標的。原物料商品可能受投資人的狂熱所驅動，即使
　基本面不支持，價格也可能上揚。

■ 市面上原物料商品相關金融產品的變化：如果投資原物料商品的管道很多，可能會對單一的原物料商品的價格產生與供給需求面無關的影響。

■ 油價：其他原物料商品的價格有時候會領先油價，但也不總是如此。

■ 主要產油國的匯率：如果幾個產油國主導了產能，它們對美元匯率的變動就會影響價格。例如，如果巴西雷亞爾相對美元升值，這可能導致咖啡（和糖）的價格出現上行壓力，因為以美元計價的生產成本會上升（見圖1.8）。

圖1.8／全球咖啡價格與巴西雷亞爾

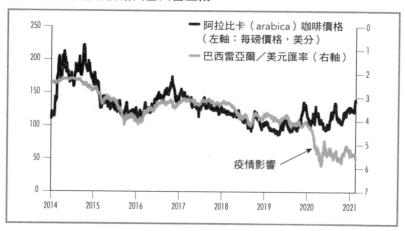

資料來源：路孚特

　　若以實質價格計算，在一九五〇年到二〇〇〇年間，大多數原物料商品價格其實是下跌的。尤其是農產品的實質價格——技術進步提高了產量，也增加了在自然條件不利的土地上種植的可能性，而導致實際價格下降。實質價格下降的另一個原因是，尤

其在一九八〇與九〇年代，全球的經濟成長多半是受已高度開發的國家（歐洲與美國）驅動，成長多發生在原物料商品密集度低的服務部門。對已開發國家較有利的不平等貿易作業（如高關稅等），也可能是導致原物料價格遭受壓抑的因素之一。

　　然而，由於長年低價及投資不足，需求的突然大幅增加（主要因中國二〇〇〇年起十年期間的快速工業化）導致原物料商品生產者措手不及，無法及時滿足增加的需求，因此也使得各種原物料商品的價格飆漲。儘管以供需基本面來說，價格飆漲尚稱合理，但其實流入原物料商品市場的投資性資金，也對價格的漲幅產生了推波助瀾的效果。原物料商品的價格在全球金融危機期間發生崩盤之後，隨著中國在二〇〇九年經濟的再度回升，其價格也跟著飆升。二〇一〇年以來，非能源類的原物料商品價格大多隨著中國及其他新興經濟體的經濟成長放緩而走低。然而，COVID-19疫情爆發後，在中國財政刺激措施的支持下，原物料商品價格在二〇二〇年底與二一年初再度飆升，彰顯了中國作為大多原物料商品（能源類除外）主要消費國的地位。

［作為金融資產的原物料商品］

　　早期的原物料商品交易所是以交易農業原物料商品為主，直到最近，這些交易所基本上都還像是專為基本原料生產者及消費者設置的，生產者及消費者雙雙藉由提前買進或賣出這些原料來對沖風險。如今，金融投資者是原物料商品市場的主要參與者。

　　就過去的情況來說，想投資原物料商品，但又不想購買或不承諾購買現貨資產，唯一可行的方式，通常是間接投資原物料商品生產企業或配銷企業的負債或股權。然而，這種投資方式所牽涉到的不僅是原物料商品的曝險，投資人也得承擔標的企業的風險。舉個例子，如果一家鋅礦公司的成本過高、公司治理不完善、某個鋅礦坑的表現不佳或礦區位於經商環境或條件不佳的國家（如氣候惡劣或勞工抗爭導致供給中斷等），那麼即使鋅價上漲，這家公司的營運績效可能還是不理想。另外，投資人也得承受金融市場風險，因為就算原物料價格上漲，若目前股票市場處於空頭階段，礦業公司的股票還是有可能會下跌。（但是這種狀況並不常見，因為原物料商品與股票價格有許多相同的價格驅動因子。）

　　直接投資原物料商品的難處是，多年來原物料商品市場的交易量都非常清淡，所以價格波動性非常高，而且由於市場深度不足，價格也容易受特定力量操縱。然而，到一九九○年代末期至

二〇一〇年，隨著原物料商品價格開始上漲，愈來愈複雜的金融商品如雨後春筍般不斷冒出，換言之，投資人可以更直接投資原物料商品市場的工具明顯增加，相關的交易成本也大幅降低。

原物料商品交易大多是透過櫃檯市場（over-the-counter，這裡沒有正式的交易所或交易廳，所有交易都是透過電話或電子平台完成）進行，所以這些交易受監理的程度並不高。

然而，二〇〇五至一〇年間，由於原物料商品價格呈現螺旋式上升，加上世人對二〇〇八年金融危機的傷害餘悸猶存，外界開始憂心投機者的市場影響力坐大，於是，加強監理的聲浪日益高漲。有些人甚至呼籲完全禁止特定原物料商品的投資性交易，尤其是容易牽動政治及社會敏感神經的農業原物料商品，他們擔心食物價格起伏和高能源價格將對低所得或貧窮家庭造成負面衝擊，進而導致全球貧窮水準更難改善。金融危機爆發之後的幾年裡，美國商品期貨交易委員會（Commodity Futures Trading Commission，簡稱CFTC）和歐盟執委會（European Commission）實施了更嚴謹的原物料商品期貨市場監理，這些作為也讓正式交易所的交易量增加。

期貨市場

最早發展出來的原物料商品金融工具是遠期（forward）和期貨（futures），這些市場的設計是為了讓穀物或金屬生產商得以更明確掌握未來將成交的價格。當然，有了這些市場，原物料商品的消費者也能先行鎖定購入價格，並因此更妥善設定預算。

然而，現在大部分的原物料商品期貨交易來自無須使用原料

的金融投資者。大多數期貨合約都是用現金結算,而非實物交割。這減少了期貨交易所儲存實物(在交易所經營的倉庫)當作抵押品的需求。從期貨合約可具體且詳細看出標的商品的精準屬性及儲存地。

　　投資人一旦購買某項原物料商品期貨,就等於是賭這項商品將在特定時間點達到某個預期價格。如果期貨價格曲線是一條向下傾斜的曲線(見圖1.9),就代表該原物料商品未來三至六個月的期望價格會比目前的現貨價格低,這樣的市場被稱為逆價差(backwardation)。在這個情境下,生產商可能因為擔心未來的售價將降低而選擇減少庫存量。如果期貨價格曲線是一條向上傾斜的曲線,那就代表未來六個月的期望價格比現貨價高,這種市場就稱為正價差(contango)。一般認為期貨市場能為現貨市場發揮價格發現(price discovery)的功能。

圖1.9╱以銅與鋁的期貨價格為基礎,程式化後的期貨曲線。
二〇二一年二月

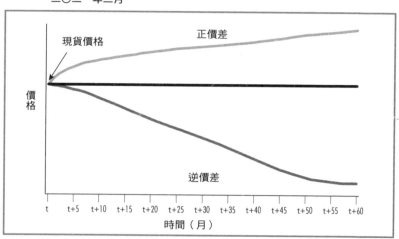

　　投資人投資原物料商品期貨可獲得的總報酬是由三個要素組成，有些人將之稱為「現貨、展期及抵押報酬」。

■ 現貨報酬：這是指標的原物料商品的現貨價格變化。
■ 展期報酬：在近期期貨合約（最接近結算日的期貨合約）到期前將之賣出，並將取得的價金再投資到更遠期期貨合約而獲得的報酬。當期貨曲線為逆價差時，這項報酬就是正數，但如果期貨曲線是正價差，這項報酬就是負數；如果期貨曲線精準預測未來的價格，投資人就不會產生任何損益。
■ 抵押報酬：期貨合約不要求投資人事先支付全額的合約價值（只需支付一小部分，稱為保證金〔margin〕）。投資人可以選擇在合約存續期間，將剩餘的合約價值投資到另一項替代工具（通常是國庫券，但有時是現金）。抵押報酬就是來自其他投資工具的報酬。舉個例子，當你選擇投資1,000美元到原油期貨，你可能只要支付10％的保證金，也就是事先支付100美元取得未來購買原油的權利。這時候，你可以選擇將剩下的900美元投資到孳息的國庫券，賺取一點額外的利潤，這也等於是確保自己到時候將有足夠的資金可支付期貨投資所需。

　　遠期合約與期貨合約相似，都是對原物料商品未來價格的協議。然而，由於遠期合約不是標準化契約，通常交易也不在交易所內進行，受到的監管相對少，也因此交易成本可能更高，因為它是買賣雙方之間客製的產物，通常涉及實物交割。由於遠期合約沒有結算所（clearing house），因此存在違約風險。

　　原物料商品也有選擇權市場，運作方式跟其他選擇權市場相似。買方為買（call option）或賣（put option）的權利支付權利金（premium）：在某特定日期或該日之前以固定的價格（strike price，履約價）購買某種原物料商品。選擇權可以在交易所或櫃檯市場交易。交易所交易的選擇權，大多涉及的是買賣原物料商品期貨合約的權利，而非實物資產。

　　最後，原物料商品也可以透過交換合約（swap）進行交易，這是基於指定原物料商品價格的現金交換，通常是原物料商品的消費者因應價格急劇波動的避險方式。雙方商定價格與時間，如果實際價格明顯高於設定的價格，額外的成本必須由賣方支付給交換合約的買方；反之，如果實際價格遠低於設定的價格，買方就必須支付差額。原物料商品的生產者也可以用類似的方式使用交換合約，這樣便能將他們的產品鎖定在特定價格。

　　根據世界交易所聯合會（World Federation of Exchanges）提供的數據，二〇一九年原物料商品期貨與選擇權占交易所交易量的21%，高於二〇一〇年的13%。與此同時，交易的合約量也從25億份上升到69億份。

投資原物料商品比過往容易許多

　　就算到現在，要投資原物料商品的現貨市場還是有一定難度，不過，投資人可能不會太在意這個問題。除了黃金以外，一般人根本很難透過現貨價格賺錢，因為購買原物料商品現貨時，一定還得支付儲存和運送成本。此外，儲存原物料商品的機會成本也會隨著利率上升而增加，因為原物料商品無法為你創造利

息。所以，和其他金融資產比較起來，原物料商品現貨就不那麼有吸引力。如果投資人無論如何都想投資原物料商品的曝險部位，目前已經有很多替代方法可使用，但這些方法主要都是和原物料商品期貨有關。

催化近年來原物料商品市場發生諸多變化的首要因素，當屬原物料商品指數的開發。這些指數通常是隨著一籃子原物料商品期貨的價格而波動，只是不同指數的編製方法大異其趣。我們可以透過指數涵蓋範圍的廣度（原物料商品的數量）、不同原物料商品占指數的權重及指數的「展期機制」（rolling mechanism，指期貨合約到期後的展期方式）來區分這些指數。多數的指數都會每個月展延它們的部位，但有些投資銀行也推出了強化版的指數，目的希望要投資期貨曲線（包括近期或較久以後才到期的期貨）上的不同合約，以便優化（optimise）展期機制。

原物料商品指數繁多，有些並非為投資目的而設計，例如：

- 聯合國世界糧食及農業組織（FAO）食物價格指數（FAO Food Price Index）
- 世界銀行原物料價格指數（World Bank commodity price indices）
- 國際貨幣基金原物料商品價格指數（IMF commodity price indices）
- 中央研究局原物料商品價格指數（Central Research Bureau commodity price indices）
- 《經濟學人》原物料商品價格指數（The *Economist* commodity price indices）

而作為投資參考的原物料商品標竿價格指數則包括：

- 標準普爾高盛原物料商品指數（S&P GSCI〔Standard & Poor's and Goldman Sachs Commodity Index〕）
- 彭博原物料商品指數（Bloomberg Commodity Index，前身為道瓊瑞士聯合銀行原物料商品指數 DJ-UBS〔Dow Jones-UBS Commodity Index〕）
- 羅傑斯國際原物料商品指數（Rogers International Commodity Index）

不過，這些公司並沒有一個整體標竿指數。各項指數都是針對原物料商品市場裡的某個特定區塊而開發，主要目的只是為了讓投資人在針對特定原物料商品或某一次類的原物料商品進行資金配置時，能有一個參考基準，例如標準普爾高盛工業金屬指數（S&P GSCI industrial metals）。從傳統原物料商品指數演變出來的另一種變形指數，可能和期貨合約的展期時間點或展期方法有關，目的是為了迴避因正價差曲線而持續產生展期虧損，如標準普爾 GSCI 增強指數（S&P GSCI enhanced index）。

原物料商品指數是介入原物料商品市場的有效管道，不過，指數投資卻是一種被動式的投資。換言之，這種投資並不是引發原物料資產價格泡沫的元凶。指數投資者並不會囤積大量的原物料商品，坐待未來以較高價格將之賣出，所以，這類投資人並不會導致某項原物料商品的需求面產生變化。透過這種被動型投資標的配置到特定原物料商品的資金比重相對穩定，且其配置不受期貨曲線的形狀影響。

　　由於散戶投資人不容易在原物料商品期貨市場裡交易，所以，很多有助於他們介入這個市場的投資工具遂應運而生。這些工具多半是以指數型產品（exchange-traded products，簡稱ETP）的型態存在，尤其是指數股票型基金（exchange-traded funds，簡稱ETF）或指數債券型基金（exchange-traded notes，簡稱ETN）。ETF可以投資原物料商品指數、特定原物料商品，或一籃子的原物料商品。近幾年來，一般人投資指數型產品的目的，多半是為了取得貴金屬和農業原物料商品的曝險部位，而非基本金屬。

　　ETF只是一種持有特定標的資產組合的基金。ETF的股份就像一般企業股份，也在股票交易所掛牌交易。以前，原物料商品指數的ETF屬於被動型投資標的，它們完全比照指數成分來建立基金的持有部位；不過，近幾年較積極管理型的ETF陸續推出。由於是積極型的投資標的，所以這種基金的經理人會設法提升來自指數的報酬率。有些ETF有實物支持，也就是說，ETF的經理人持有相關的實物原物料商品。這在黃金的ETF中特別常見，因為它容易儲存。然而，多數的工業原物料商品的實物ETF遭到詬病，因為這會減少能供應給工業終端客戶的原物料商品。

　　ETN是一種票據或債券，投資人可以透過金融機構買到這種商品。這種債券的報酬和標的資產（如原物料商品指數）的報酬連動。ETN的風險高於ETF，因為它還牽涉到金融機構本身的風險，畢竟金融機構還是有無力償還債券本金的可能性。

為何要投資原物料商品

自二〇〇〇年以來,儘管原物料商品價格波動劇烈,但相關的投資活動卻是欣欣向榮。根據教科書內容,投資原物料商品的主要利益是分散投資組合的風險,同時,原物料商品也是規避通貨膨脹風險的好工具。舉個例子,原物料商品價格通常會因天然災難(像是乾旱)或地緣政治情勢緊張而上漲,而在這些情境下,其他資產如股票卻通常會跌價。

其他某些投資人可能是基於對原物料商品消費大國——如中國或美國——的短期經濟前景,或者總體經濟面因素——如石油峰值(見前一章)——而相信原物料價格將上漲。

近年來原物料商品投資增加,還有其他更務實的理由,包括交易成本降低及可選擇的金融原物料商品愈來愈多(儘管業界也是為了回應投資人熱切想介入原物料商品市場的心態而推出)。

分散投資組合風險

一般認為,資產經理人可藉由持有原物料商品型的資產,來規避總體經濟面風險或可能對多數其他金融資產(尤其是股票)產生類似影響的市場事件的風險。在一九七一年至二〇〇七年間,標準普爾500(S&P 500)股票市場指數有八年的報酬率是負數,但在這八年當中,原物料商品市場的報酬率有六年為正數。然而,原物料商品投資的暴增(在二〇〇〇年前後尤其強勁)已導致分散投資組合風險的利益遭到侵蝕。目前原物料商品市場比以前更容易受投資人重新調整投資組合(portfolio rebalancing)

的行為影響，而這無形中也讓原物料商品和其他金融資產市場
——包括股票——的相關性提高（見圖1.10）。

**圖1.10／標準普爾500指數（股票）及標準普爾高盛原物料
商品價格指數**

資料來源：路孚特

　　此外，近年來，原物料商品市場的交易模式也和其他金融市
場——尤其是股票市場——非常類似。當全球經濟成長展望看似
即將改善，或當局為了促進經濟成長而採取寬鬆貨幣政策時，原
物料商品市場也會像股市一樣上漲。這有可能是當前超低利率環
境下的暫時性現象，隨著貨幣政策開始收緊，原物料商品原本那
種有助於分散投資組合風險的特點有可能會漸漸恢復。有一個理
論主張，當價格受需求趨勢驅動（如強烈的需求促使價格上漲）
時，原物料商品市場將和股票正相關；但如果市場只受到供給面
的發展驅動（例如乾旱導致小麥價格上漲），原物料商品價格的
波動就會和股票不同向。另一種理論則認為，我們已經度過了原

物料商品市場的金融化時期，分散風險的好處將在未來幾年恢復。這是基於一項事實：投資人目前持有的原物料商品遠遠低於本世紀第一個十年的水準。然而，若考量到投資人有可能在原物料商品市場狀況轉好之後大量歸隊，這一個理論就沒那麼站得住腳了。

利用原物料商品來規避通貨膨脹風險

如果通貨膨脹逐步上升，原物料商品價格也可能走高。事實上，原物料商品價格很有可能就是促使通貨膨脹率上升的導因。然而，當通貨膨脹率上升時，股票市場通常會下跌，這多半是因為此時中央銀行可能會採取緊縮貨幣政策來打壓通貨膨脹，進而導致經濟成長率降低。

有些投資人基於一些看似充分的理由而完全不投資原物料商品，他們的理由是：原物料商品市場交易量過於清淡，所以很容易被操縱。儘管目前這個風險已經不存在，價格波動卻依舊非常劇烈。

第二部

基本金屬及
貴金屬

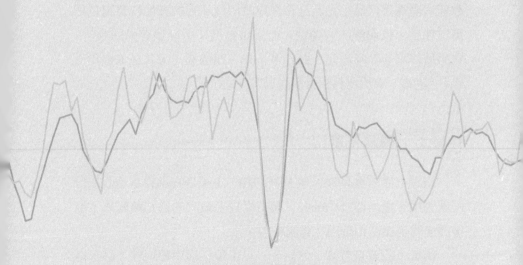

［鋁］

　　鋁是地殼裡含量最多的金屬元素，鋁礬土（bauxite）——一種含有氧化鋁（或稱鋁氧土〔alumina〕）的礦石——含有大量的鋁。氧化鋁必須經過複雜的冶煉過程，才能形成鋁這種金屬。

　　鋁的重量很輕，不過卻很堅硬，這些特質讓它成為愈來愈受歡迎的鋼鐵替代品，尤其是在汽車的用途。它的其他特質還包括傳導性佳，抗腐蝕，有彈性，而且熔點低（所以很容易回收）。它的最終用途非常多元，例如電子業、運輸業（尤其是飛機和汽車）、建築、廚房用具和食品包裝等。

鋁礬土：礦藏及產出

　　鋁礬土通常含有30％至35％的鋁，主要是在世界各地的熱帶區域開採。幾內亞（Guinea）擁有世界上最大的已知礦藏量，緊接其後的是澳洲和越南（見圖2.1）。

　　鋁礬土蘊藏量豐富，所以，一旦出現任何供給短缺，必定是經濟面或政治面因素造成，如獲利能力不佳或資源民族主義作祟等。二〇一九年，由於澳洲、幾內亞、印度、印尼和馬來西亞的生產量增加，鋁礬土產出年增率達9.5％。澳洲是目前世界上最大的鋁礬土生產國，占二〇一九年總產量的30％。

圖2.1／鋁礬土礦藏，二〇一九年

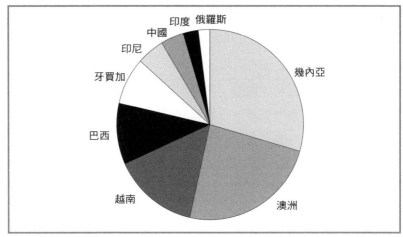

資料來源：美國地質調查局

製程及產品

　　精煉廠先以拜爾製程（Bayer process）從鋁礬土礦石裡萃取出氧化鋁，再以冶煉的方式生產原鋁（primary aluminium）。大致上來說，4至5噸的鋁礬土可以生產大約2噸的氧化鋁，而這些氧化鋁可以提煉出1噸的鋁。儘管中國的鋁礬土礦藏並不多（僅約占世界總礦藏量的3％），但它仍在二〇〇七年取代澳洲，成為世界最大的氧化鋁生產國。

　　鋁的生產過程耗費大量能源（生產1噸的鋁大約要耗掉1萬7千瓩／小時的電力），所以，歷來冶煉廠通常都設在能源豐富的國家。近年來，設廠考量轉向使用更多再生能源的地方，特別是水力發電豐富處，而且此行業也設法提高能源效率。

　　鋁的冶煉廠是採用霍爾-赫魯特製程（Hall-Héroult process）

來生產鋁錠產品（熱軋板胚、擠壓錠、原鋁鑄錠及重熔鋁錠），接著，這些鋁錠產品通常會被運送到國內外其他地方，進一步加工為半成品，如厚鋁板、鋁型材、線棒和鑄件等——通常各種加工作業都是在同一家公司內部進行。

半成品用在包裝、運輸、建築、工程設計和電力產業，而且主要是在區域市場內交易。這類產品通常是由回收（二手）鋁和原鋁合成而來。生產二手鋁的市場一直增長中，但這個領域仰賴高價格鼓勵回收；如果價格低廉，廢鋁的供給就會枯竭。

消費與貿易
區域趨勢

國際鋁業協會（International Aluminium Institute）的資料顯示，營建業是各種鋁產品的最大消費者，二〇一九年，該產業的消費量占全球鋁消費量的33％，其次是運輸業（28％），接續是電力（18％）和機械產業（10％）。儘管鋁廣泛使用於飲料罐的製造，但包裝產業只占全球鋁總用量的2％左右。

過去二十年間，鋁的消費量增加了一倍之多，很大一部分是由於發展中國家的消費量迅速成長。美國的消費量從二〇〇〇年占全球總量的25％左右下降到二〇一九年僅占7.8％。

城市化、基礎建設開發、製造業成長及國內有車階級增加等，讓中國成為鋁消費量快速增長的主要驅動力。在二〇〇〇年至一〇年期間，中國的鋁消費量年增率達到 18％的高度成長水準，而後在二〇一〇年至一九年期間放緩至仍然強勁的10％年增率。儘管如此，近年來隨著中國更廣泛面向的經濟成長減速，鋁

消費量的成長也急速放緩。二〇一七年和二〇一九年，鋁消費量甚至略微衰退。

　　然而，二〇二〇年為抵銷新冠病毒大流行對經濟的負面影響而採取的財政刺激措施，可能導致消費恢復成長。自二〇〇〇年以來，印度、巴西和某些東南亞國家的消費成長率也很高。二〇一九年鋁消費量約為6320萬噸（見表 2.1），其中，中國約占總數的56%，美國占 7.8%，歐盟則占 7.6%。

表2.1／主要鋁消費國

	二〇〇〇年		二〇一〇年		二〇一九年	
	千噸	總數的 %	千噸	總數的 %	千噸	總數的 %
中國	3,352	13.4	15,854	37.4	35,244	55.8
美國	6,161	24.6	4,242	10.0	4,926	7.8
德國	1,632	6.5	1,912	4.5	1,986	3.1
印度	601	2.4	1,475	3.5	1,829	2.9
日本	2,223	8.9	2,025	4.8	1,765	2.8
越南	21	0.1	102	0.2	1,405	2.2
南韓	823	3.3	1,255	3.0	1,157	1.8
西班牙	526	2.1	659	1.6	978	1.5
土耳其	211	0.8	703	1.7	971	1.5
義大利	780	3.1	857	2.0	938	1.5
其他	8,674	34.7	13,314	31.4	11,983	19.0
合計	25,004		42,398		63,182	

資料來源：世界金屬統計局

貿易

　　加拿大是世界上最大的原鋁出口國，大部分出口到美國，而美國正好是世界上最大的原鋁進口國（見表2.2）。儘管中國是世界上最大的鋁生產國，但在出口排行上並非名列前茅，部分原因是其國內市場規模，但也因為其出口面臨貿易限制（通常是出於傾銷的原因）。二〇一八年，美國前總統川普對所有美國進口鋁徵收10%的關稅，以促進國內鋁業的發展。（該關稅最初排除加拿大跟墨西哥，但在二〇二〇年重新恢復）。從中國進口則面臨更高的關稅，儘管實際層面上影響不大，因為中國對美國的鋁出口量已經（由於早期的貿易壁壘）小到可以忽略了。保護主義不止在美國現蹤，二〇二〇年，歐盟著手調查來自中國的鋁軋製材與鋁擠壓型材產品的傾銷，並在十月徵收高達80%的臨時關稅。

表2.2／二〇一九年主要原鋁出口國和進口國

	出口			進口	
	千噸	總數的%		千噸	總數的%
加拿大	2,557	13.0	美國	3,998	16.7
荷蘭	2,324	11.8	日本	2,585	10.8
印度	1,962	10.0	德國	2,440	10.2
俄羅斯	1,904	9.7	荷蘭	2,239	9.3
澳洲	1,447	7.4	南韓	1,509	6.3

資料來源：世界金屬統計局

　　第二大出口國為荷蘭，但這反映出歐洲其他地方的鋁冶煉廠利用荷蘭港口出口它們的金屬。同樣歸功港口，荷蘭的進口量也大，它是進入歐洲市場的一個入口。

　　鋁貿易量占世界鋁總消費量的比重，在二〇〇四年達到66％的高峰後一路降低，二〇一九年只占30％，這多半是因為中國已能夠自給自足所致。

產量及庫存
精煉產量及冶煉產能

　　除了中國，近年來擴充最多鋁冶煉產能的，是擁有豐富能源的海灣國家合作理事會（Gulf Co-operation Council，簡稱GCC）的會員國，因為它們的電力成本較低。

　　中國的鋁產量占二〇一九年全球產量的54％，而其產量在二〇一〇年至二〇一九年期間以近11％的平均產出年增率成長。誠然，在二〇一七年至二〇一九年期間產量持平，但產能仍在成長，隨著國內需求的回升，二〇二〇年開始有額外的產能上線。

　　國有鋁業公司——中國鋁業公司（Chalco）——控制了多數的產量，不過，中國境內還有很多屬於地方政府及民間利益團體所有的小型冶煉廠。近幾年來，政府尋求縮減鋁部門的擴張，並迫使產業進行整合，因為鋁的生產作業會耗用大量能源（中國的鋁產業主要是利用燃煤所產生的電力來擴充產能）。這出現了一個有趣的現象——冶煉產能從山東和河南兩省轉移到西南部，主要是水電資源豐富的雲南省。儘管政府積極推動產業整併，但產量大致上還是隨著價格趨勢波動，當價格走高，大量小型邊際生產者（marginal producer）就會提高產量。二〇二〇年，中國的產量有所成長，儘管疫情延續且其他地區的產量也下降，但因為下半年價格回升，氧化鋁價格低，國內需求強勁。

直到二○○○年以前，美國都是世界上最大的原鋁生產國，主要是因為美國有低成本的水力發電和燃煤電力（見表 2.3）。不過二○○○年後，由於可用電力及電力成本上升，加上氧化鋁供給出現問題及勞動力成本高昂等，導致冶煉廠陸續關閉。到二○一九年時，美國的產出占全球產出量已剩不到2%。

表2.3／主要產鋁國

	二○○○年		二○一○年		二○一九年	
	千噸	總數的%	千噸	總數的%	千噸	總數的%
中國	2,647	10.9	16,244	39.1	35,044	54.3
俄羅斯	3,258	13.4	3,947	9.5	3,896	6.0
印度	647	2.7	851	2.0	3,524	5.5
加拿大	2,373	9.8	2,963	7.1	2,854	4.4
阿拉伯聯合大公國	536	2.2	1,400	3.4	2,579	4.0
澳洲	1,761	7.2	1,928	4.6	1,570	2.4
越南	–	–	–	–	1,374	2.1
巴林	509	2.1	851	2.0	1,365	2.1
挪威	1,026	4.2	1,090	2.6	1,279	2.0
美國	3,668	15.1	1,728	4.2	1,126	1.7
其他	7,879	32.4	10,547	25.4	9,938	15.4
合計	24,304		41,549		64,549	

資料來源：世界金屬統計局

歐洲消費量目前已遠超過生產量——因為鋁鑄造和半鑄造加工屬於勞力密集的生產作業，所以相關活動已大規模轉移到低工資國家，這導致歐洲愈來愈依賴進口。挪威和冰島因為分別利用水力與地熱提高產量，成為例外。

　　有一個地區的鋁生產產能明顯擴張，那就是中東，尤其是海灣合作理事會的會員國，阿拉伯聯合大公國與巴林現在是前十大的生產國，一般來說，海灣國家合作理事會的電力成本獲得非常高的補貼，這也讓鋁生產業務的獲利能力大幅提升。擁有大量鋁礬土礦藏及本國煤礦的印度也一直在擴大鋁的產量。

次級產量

　　次級鋁業包括回收特定等級的廢鋁（如鋁罐）加以重熔，以便生產鋁軋製及壓製產品，還有將廢鋁冶煉為鑄造用鋁錠的冶煉廠。有些大型鋁企業會參與重熔業務，不過，多數企業把這項業務留給次級鋁產業（這個產業主要都是小型的獨立作業型企業）去做。

　　鋁鑄造的需求快速成長，不過次級冶煉廠的獲利能力卻取決於廢鋁的可取得量和價格。二〇一九年時，次級產量幾乎達到鋁總產量的30％。中國是最主要的次級鋁生產國，二〇一九年總產量為690萬噸，其次是美國的340萬噸。次級鋁冶煉需要耗用的能源只有初級冶煉作業的5％至8％左右，所以，有些國家會為了降低碳排放量與節能等考量而鼓勵業界從事次級冶煉業務。

庫存與相關議題

　　儘管鋁是一種戰略性金屬，但各國政府的庫存並不多，所以對市場多半不具影響力。中國的中央及省政府會定期採購鋁錠來供應國內生產商所需，不過，如果價格具吸引力，它們也會把鋁

錠重新賣回到市場上。

二〇〇九年至一四年間，倫敦金屬交易所（London Metal Exchange，簡稱LME）的商用鋁庫存量非常高，部分是由於低利率環境使得囤積鋁的成本降低，另一部分則是由於需求成長受到抑制所致。然而，這項金屬主要是銀行及貿易商持有，且多半受到倉儲條件的束縛。由於利率非常低，加上一些財務誘因和現貨鋁交易價遠低於較遠期期貨價等因素，持有者才願意接受這些條件。倫敦金屬交易所的存貨交付管理也存在問題，如果你要實際領出存放在倉庫的鋁，時間上通常會嚴重延遲。而這個問題現在基本上已經獲得緩解。倫敦金屬交易所庫存在二〇二〇上半年時上升，反映了全球經濟活動放緩。然而，隨著中國經濟的強勁反彈，以及其他地區製造業的重新復甦，下半年的庫存普遍下降。

也就是說，交易所的鋁庫存並不總是能夠反映總庫存的趨勢。二〇二〇下半年，似乎有些鋁被儲存在交易所以外的地方，並很可能用作融資交易。

主要的企業參與者

大型鋁業公司多半是大型聯合企業，它們的業務範圍涵蓋鋁礬土到半成品等多數營運階段。二〇〇〇年代中期，世界主要鋁生產公司進行大規模整併，尤其是俄羅斯和中國的業者。現在有三家中國公司成為前五大生產商，控制了大約全球20％至25％的鋁產量（見表2.4）。儘管俄羅斯和中國開始出現西式的大型聯合企業，但中國仍有大量較小型的獨立生產商。

表2.4／二〇一九年主要鋁生產企業

公司	國家	產出，十億噸
中國鋁業	中國	6.7
宏橋集團	中國	6.5
俄羅斯鋁業	俄羅斯	3.9
山東信發鋁電集團	中國	3.7
力拓集團	英國／澳洲	3.5
阿聯酋全球鋁業	阿拉伯聯合大公國	2.6
美國鋁業	美國	2.1
挪威海德魯	挪威	1.9
東方希望集團	中國	1.5
中國電力投資集團.	中國	1.2

資料來源：彭博社（資料由英國CRU集團彙編）

鋁的市場

　　儘管很多鋁金屬是在大型聯合企業的體系內移轉，但原鋁的交易還是非常普遍。LME 的存在讓市場定價非常透明，該交易所從一九七八年就開始交易原鋁。儘管目前生產者和消費者之間還是會以一個固定的價格（各個期間的固定價格不同）直接買賣鋁金屬，但現在這些定價幾乎完全受 LME 報價牽動，尤其是三個月期貨的報價。

　　LME 的報價是以它存放在世界各地倉庫的鋁錠的形式報價，未計入進口關稅。如果消費者想取得特定數量的已繳關稅金屬，通常必須支付比 LME 價格更高的額外費用（溢價）。另外，

99.7% 純鋁錠以外的其他形式鋁錠和合金，也要收取額外費用。從一九九〇年代末期以來，半加工型鋁產品的定價基礎也穩定朝以 LME 原鋁價加上特定轉換費用為基準的方向前進。這種定價模式已取代半加工型產品的特殊議價模式。

目前鋁在世界各地很多交易所都有交易，主要包括上海期貨交易所和紐約商品交易所（New York Commodity Exchange，簡稱 COMEX），另外，新加坡、鹿特丹、日本和馬來西亞等地的交易所也可從事鋁的交易。

價格趨勢

鋁價曾在二〇〇八年七月初飆漲到每噸3,200美元以上的高峰。然而，全球金融危機爆發之後，鋁價開始重挫，在二〇〇九年第一季跌到每噸1,253美元的最低價。之後隨著需求成長恢復，價格漸漸回升，但以這個價格水準而言，鋁生產者已經開始虧損，儘管繼續生產但從未恢復到早期的高點，主要原因在於供應充足。二〇一九年，由於全球汽車市場低迷，拖累了中國及發達經濟體的消費，需求成長放緩，導致價格下跌。隔年初價格在相對低點，但由於疫情相關的限制導致需求急劇收縮，價格再度暴跌。然而，中國的刺激性支出以及能源價格的回彈（高生產成本會推高鋁價），下半年價格開始回升。雖然二〇二〇年末出現回彈，但年度平均價格仍小幅下跌（見圖2.2）。

圖2.2／鋁庫存及價格

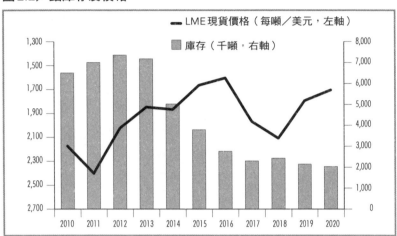

資料來源：倫敦金屬交易所、世界金屬統計局、國際鋁業協會

未來展望

- 隨著中國及印度等國的有車階級穩定增加，鋁的需求將獲得支撐。除了建築、消費品和包裝等用途，由於這項金屬較輕，所以來自較輕且較節能的飛機及汽車生產活動的需求仍然非常可觀。另外，對最終使用者來說，由於它非常容易回收，所以是比較環保的選擇。

- 有鑒於減少碳排的壓力愈來愈大，原鋁的生產活動可能會開始轉移到擁有豐富再生能源的地區和國家。鋁產業約占全球碳排放的4％，倫敦金屬交易所在二○二○年提出「綠鋁」合約，但受到生產商反對。倫敦金屬交易所表示，計畫仍在審查中。生產商將會需要申報它們生產鋁的碳排放量。在未來幾年，預期會出現更多採購「綠鋁」的壓力。

- 中國政府政策不鼓勵諸如冶煉等高耗能生產活動，過時與效率不佳的冶煉廠也被強行關閉，儘管取而代之的是效率更高的先進冶煉廠，但也無法擺脫碳排量高的特性。
- 與原鋁有關的環保議題，將會導致次級鋁業的生產在全球大多地區快速成長。

［鈷］

　　鈷與鋰、鎳、錳、天然石墨相同，皆為充電電池的關鍵原物料。充電電池的市場成長速度增快，主要是因為在電子產品以及再生能源系統與電動車上的應用增加。鋰離子電池成長速度尤其強勁，因為其功率重量比高的特性，在小型電子產品與汽車領域很受青睞（重量輕的車輛能源效率較高）。國際能源總署（The International Energy Agency，簡稱IEA）預估，在可見的未來，鋰離子電池仍會持續在電動車領域扮演要角。

　　然而，目前仍在對電池化學做廣泛研究的階段，哪種化學性質會長期占主導地位仍不明朗。科學家還在努力改進鋰離子系統；也有些研究在努力尋找替代品，而這研究方向就算成功，也會需要相當長的時間才能轉化為商業電池。

　　目前看來，鎳錳鈷鋰（Lithium Nickel Manganese Cobalt，簡稱NMC）電池似乎在電動車領域處於領先地位，而這種電池因每種元素的比例不同而有不同的形式。像是等量使用鎳、錳、鈷三種元素（比例反映在電池名稱中）的 NMC 111，此外還有 NMC 532、NMC 622，以及鎳相當於錳和鈷八倍量的 NMC 811 等電池。

　　近年來，電池的製程因為超級工廠（megafactory）的建造而轉變很大。超級工廠的概念則是由指標礦物智庫（Benchmark

Mineral Intelligence）所提出，用以描述每年能夠生產一吉瓦時（gigawatt hour）電池的鋰離子電池生產工廠。第一個超級工廠是特斯拉（Tesla）於二〇一四年開始在內華達州興建的 Gigafactory 1，其後特斯拉在紐約跟中國上海也分別建造了超級工廠，而目前特斯拉正在德國柏林附近建造第四座超級工廠（譯注：此超級工廠於二〇二二年三月正式開業）。在很短的時間內，中國公司也積極建造超級工廠，現在全球四十至四十五個超級工廠（截至二〇一九年）中，大約七成位於中國境內。這些超級工廠為生產提供了規模經濟，是近年來鋰離子電池成本不斷下降的關鍵原因之一。而隨著規模經濟變得更加受限，電池價格可能會與包括鈷在內的基礎電池金屬更緊密連動。

　　鈷是一種堅硬、有光澤的銀灰色金屬，具有熔點高、磁性與催化的特性，存在於地殼和海床中。作為顏料使用（鮮豔的藍色）的歷史，可追溯到至少兩千五百年的古埃及。

　　鈷通常在生產地（礦區）加工成中間產品，如鈷氧化物和碳酸鹽。中間產物的品項繁多，意味著鈷精煉廠生產的產品範圍廣泛，包括金屬、粉末以及鈷化學製品。充電電池中使用的化學物質占鈷最終用途總量的將近60％；作為對照，二〇一〇年時，充電電池只占鈷最終用途的28％。

　　與此同時，金屬鈷和粉末則被用來製造超合金（superalloy，可在高溫、高應力下作用的高性能合金），在航太產業中大量使用，占鈷最終用途的15％。其他用途包括作為催化劑（有時在煉油廠使用）、顏料、油漆和墨水的乾燥劑，以及工具的結合材料與永久磁鐵（見表2.5）。

表 2.5／鈷的最終用途，二〇一九年

	噸數	總數的％
電池化學	71,000	57.9
超合金	18,200	14.8
硬金屬	8,100	6.6
陶瓷／顏料	5,970	4.9
催化劑	5,600	4.6
硬面焊	3,800	3.1
輪胎／油漆乾燥劑	3,600	2.9
磁鐵	3,400	2.8
其他	2,900	2.4
合計	122,570	

資料來源：達頓商品有限公司（Darton Commodities Ltd）

　　已知的鈷儲量相對較低，只有7000噸，而且產區高度集中，其中超過一半位於剛果民主共和國（DRC，後簡稱剛果），17％位於澳洲（見圖2.3）。鈷是美國「關鍵」原物料清單上的三十五種礦物之一，這份清單列出美國重度依賴進口，並且「對國家安全以及經濟繁榮至關重要」的礦物。同樣地，鈷也在歐盟的三十種「關鍵」原物料清單上，這份清單上的原物料對於經濟繁榮很重要，而且／或者存在供應風險。

消費

　　鈷的總消費量成長迅速，在二〇一九年達到12萬2560噸，而二〇一〇年時僅為6萬7000噸。中國是目前全球最大的精煉鈷

圖2.3／鈷礦藏，二○一九年

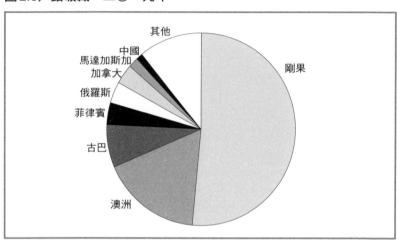

其他

中國
馬達加斯加
加拿大

俄羅斯

菲律賓

古巴

澳洲

剛果

資料來源：美國地質調查局

消費國，占二○一九年全球消費量的55％之多。其中，82％用於製造充電電池。值得關注的是，雖然許多鈷化學品是用來在中國的工廠製造商品，但其中許多商品隨後便出口至表面上似乎消費量較低的國家。不令人意外的，中國除外的主要消費國也擁有大型汽車或電子產業，包括南韓、日本和台灣在內。

　　中國的需求一直強勁成長，直到二○一九年中，中國政府降低了對購買電動車的補貼，電動車銷量隨後開始下降，而二○二○年的新冠疫情更是加劇了對汽車銷量的負面影響。然而，中國政府在施行更全面經濟刺激措施之際，也放棄進一步降低補貼的計畫。與此同時，疫情促成了全球電子產業的景氣回溫，成為支撐鈷需求的重要因素。

礦藏及產出

鈷通常存在於銅和鎳礦體中，主要以副產品的形式在銅或鎳礦中開採。從銅礦中開採的鈷約為70％至75％，而鎳礦則占超過25％。

供應端由一個國家——剛果——主導，在二〇一九年，其占了全球產量中72％的份額（見表2.6）。根據達頓商品有限公司的資料顯示，二〇一九年，中國礦業公司持有剛果一些最大的採礦業務，約占總產量的54％；而總部位於瑞士的商品交易商嘉能可（Glencore）擁有兩座剛果的礦場—— Mutanda和Katanga ——占總產量的32％。然而嘉能可因價格低迷之故，於二〇二〇年初關

表2.6／鈷產量

	二〇一〇年		二〇一九年	
	噸	總數的%	噸	總數的%
剛果	45,000	51.1	98,489	72.0
澳洲	4,600	5.2	5,100	3.7
俄羅斯	6,100	6.9	5,000	3.7
菲律賓	–	–	4,600	3.4
古巴	3,500	4.0	3,500	2.6
新喀里多尼亞	1,700	1.9	3,300	2.4
馬達加斯加	–	–	3,300	2.4
巴布亞新幾內亞	–	–	3,100	2.3
加拿大	2,500	2.8	3,000	2.2
摩洛哥	1,500	1.7	2,100	1.5
其他	23,100	26.3	5,301	3.9
合計	88,000		136,790	

資料來源：美國地質調查局、達頓商品有限公司

閉Mutanda礦場至少兩年。基於同樣原因，該年剛果的一些其他礦場產量也有所下降，同時也因為政府的新採礦法法規將鈷出口的特許權提高到10％，以及全球市場供給過剩所導致。

剛果的鈷礦開採存在很大爭議。龐大的手工開採部門，占鈷採出總量的20％至30％。自給自足的礦工往往獨立作業，通常手工開採後把材料賣給中間商，再轉賣給大型礦商，由他們出口。關於童工及致命事故，以及鈷收益落入民兵組織的相關報導非常多。近年來，出於對人權的顧慮，許多跨國公司禁止使用從剛果開採的鈷。

二○二○年，剛果政府成立了通用鈷業公司（Enterprise Générale du Cobalt，簡稱EGC），以監督手工採礦業。EGC獲得從非正規部門購買鈷的壟斷權，以確保更高的安全標準，終結童工現象，並提高手工採礦業者的價格。然而諷刺的是，對非正規部門的監管也會增加與礦產相關的政府收入。由於剛果的手工採礦業部門是市場上「搖擺」（swing，指對價格高度敏感）的生產商，因此也可以說，這會使剛果政府對國際的鈷價掌握更大的控制權。

其他像是澳洲、俄羅斯和菲律賓等國也有少量鈷的開採業務，但沒有任何生產者能與剛果相比。尤其在澳洲和加拿大，雖然有大量潛在項目，但實施開採的多寡則取決於市場條件的有利與否。

二○一九年，開採量排名前四的鈷礦公司分別為嘉能可（4萬4200噸）、中國鉬業（1萬6900噸）、切馬弗薩爾（Chemaf Sarl，8300噸）和浙江華友鈷業（8100噸），這些公司的礦場全部位於剛果。

精煉產量

鈷的精煉也是由一個國家主導，即中國。二○一九年，將近70％的精煉鈷由中國供應（見表2.7）。中國的原料超過90％從剛果進口；而大約85％的中國國內需求量也仰賴進口。其餘的來源來自回收材料，國內精礦供給僅占中國所用原物料的1％。中國超過80％的精煉產能用於生產電池的化學物質，鈷金屬占其中的12％。

表2.7／精煉鈷產量

	二○一○年		二○一九年	
	噸	總數的％	噸	總數的％
中國	35,929	45.3	88,400	68.2
芬蘭	9,299	11.7	13,300	10.3
加拿大	4,646	5.9	6,180	4.8
挪威	3,208	4.0	4,400	3.4
日本	1,935	2.4	4,100	3.2
澳洲	4,117	5.2	3,400	2.6
馬達加斯加	-		2,900	2.2
俄羅斯	2,460	3.1	2,300	1.8
其他	17,676	22.3	4,630	3.6
合計	79,270		129,610	

資料來源：達頓商品有限公司

交易

倫敦金屬交易所有提供鈷合約，但按照倫敦金屬交易所的標準，鈷的市場流動性不足，庫存水位也低。另外，鈷也可以在無

錫不鏽鋼電子交易中心交易，這可作為中國現貨交易的參考。

原物料商品價格報導機構Fastmarkets（前身為金屬導報〔Metal Bulletin〕）現在每天評估一次價格（過往為兩週一次），是公認的中國以外基準價格。在現貨市場上，鈷的銷售方式通常是精煉廠和電池與汽車製造商等終端用戶之間簽訂的長期合約。然而近年來漸熱門的趨勢為終端用戶（如汽車公司）開始與礦商簽訂合約，以更加確保供給的安全。

價格趨勢

二〇一六年一月，鈷價（以倫敦金屬交易所為基準）跌至十二年來最低點，略高於每噸21,500美元，但隨後價格開始回穩（見圖2.4）。二〇一七年，在電動車產業前景樂觀及供應中斷的推動之下，鈷價進入牛市。然而，因應價格飛漲，電動車產業的成長放緩、供給激增（主要來自剛果的手工採礦業），關於減少電池內鈷含量的討論也開始出現。例如電動車商特斯拉的創辦人馬斯克（Elon Musk）聲稱，他可以將特斯拉汽車中的鈷含量減到幾乎為零。

鈷的價格在二〇一八年三月達到高峰，約為每噸95,000美元，接著二〇一九三月下滑到26,000美元。二〇一九年全球汽車與電子產業的低迷影響了整體市場情緒，但第三季度價格因嘉能可關閉Mutanda礦場的消息而回升。二〇二〇年，鈷的需求因汽車產量普遍下滑而受到衝擊，但同時供給面也受到疫情牽連。加拿大、摩洛哥和馬達加斯加的礦場供給中斷，而剛果有時也因為南非港口的作業延誤而難以履行出口承諾。然而，隨著中國經濟

圖2.4／鈷庫存及價格

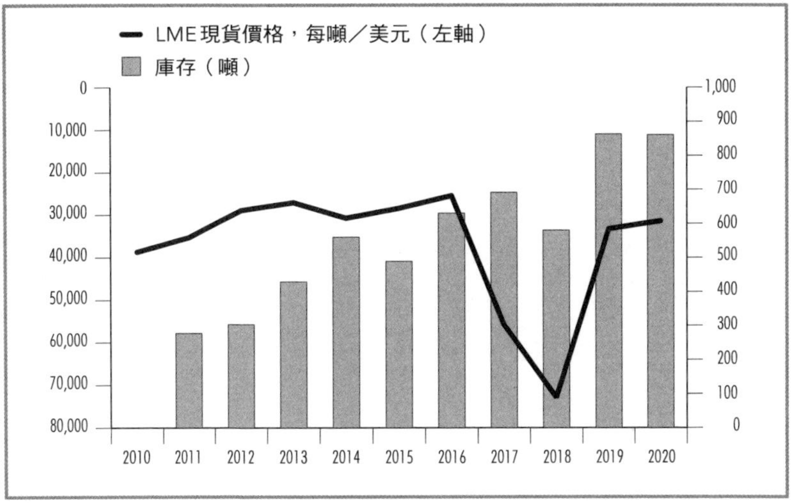

資料來源：倫敦金屬交易所、世界金屬統計局

從因疫情導致的衰退中強勁反彈，電子產品需求激增，價格開始
回升。大多數發達經濟體因居家辦公與休閒相關產業關閉，促使
電子產品的需求激增。

未來展望

■ 電動車的銷售（尤其是在歐洲）預期會有強勁的成長力道。
　一些歐盟國家的政府正在推動綠色倡議，包括將鼓勵購買電
　動車納入疫情相關的經濟刺激措施的一環。

■ 鈷的需求前景取決於電動車市占率提升的速度。長遠來看，
　則取決於電池的化學特性。二〇一六至一八年價格飆升，導
　致終端消費者努力減少或取代電池技術中的鈷。現在已經出

現了不含鈷的鋰電池，如磷酸鐵鋰（lithium-iron-phosphate，簡稱LFP）電池；然而，由於它的能量密度較低，主要用於不需要續航力或是高性能的車輛，像是垃圾車。

■ 每單位電池的鈷用量顯然會降低，但只是緩步降低。NMC 811電池（只）有10%的鈷及80%（相較便宜許多）的鎳，但在安全與生命週期的面向上仍有許多挑戰。

■ 愈來愈多公司被迫要回應它們所使用的鈷來源的問題，並且尋求未迫害人權的金屬。可能的解決方案之一，是用區塊鏈作為監測精煉鈷生命週期的工具。目前已有專案在試驗中，取得很好的成效，這表示可能會有公司回過頭擁抱剛果的鈷產能。

［銅］

　　人類最早發現（西元前九千年）其特殊屬性且廣泛使用的基本金屬應該非銅莫屬。銅是工業用途最廣泛的金屬之一，而且延展性及可塑性都極好，能夠用於佈線（wiring）；它非常適合作為合金的成分，而且耐腐蝕、堅硬、耐久且能回收；此外，它也是絕佳的電與熱傳導體。

採集、加工及礦藏

　　銅自然存在於地殼，可以用露天及地下兩種方式開採。大約80%的礦區產量是以銅精礦的形式（製成銅精礦前的硫化銅礦石通常含有大約30%的銅）產出，但銅精礦還需要經過冶煉和精煉的製程，才能產出銅金屬。二〇一九年時，世界銅冶煉廠產量達到了2000萬噸。溶劑萃取──電積（SX-EW）法是以滲濾（leaching，亦稱溶出）方式取代冶煉，利用這個方法就能直接在礦區生產精煉銅，無須進一步的加工流程。這種方法通常用在氧化物裡發現的銅，近幾年的使用愈來愈普遍，當然，一部分是由於它的成本較低。二〇一九年時，溶劑萃取──電積法的精煉銅產量約占總數的16%，不過這個方法不能適用於所有型態的礦石，且其銅還原率較低。

　　次級銅冶煉廠的原料是廢銅,根據世界金屬統計局估計,這些冶煉廠的產量約占二〇一九年精煉銅總產量的14%。中國是世界上最大的次級銅生產國,這部分的產量約占二〇一九年總次級產出380萬噸的54%。然而在二〇一五至二〇年期間,中國因為對廢銅進口的新限制,導致產量的成長停滯。

　　一九九〇年時,已知的銅礦藏量大約只有3.4億噸,但根據二〇一九年的最新估計,礦藏量已增加到8.7億噸(見圖2.5)。不過,目前的全球礦藏量仍舊只是估計的數值,其估值會隨著科技的進步及經濟狀況的逐漸改善而增加,但也會隨著開採活動而降低。美洲國家掌握了世界上多數的銅礦藏量,不過,近幾年的高銅價促使世界上其他國家也開始尋找銅礦床,同時針對這些礦床進行地質調查。

圖2.5／銅礦藏,二〇一九年

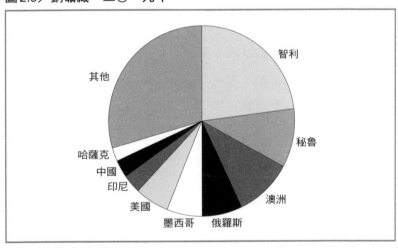

資料來源:美國地質調查局

產品與用途

　　近年來,銅的最大最終使用者是設備製造業,大約占二〇一九年全球總消費量的31%,這個廣泛的類別涵括了非常多產品,像是電纜、消費性電子產品、發電機和變壓器。歷來銅的主要用途是在建築業,特別是建築用電線和管路,但建築業消費量的占比已逐漸下降一段時間了。銅價高漲促使一般人以替代材料來取代銅管,例如塑膠水管取代銅水管,以及在佈線上用鋁取代銅。除了建築產業以外,與建築高度相關的基礎建設業是銅的另一個主要消費者,尤其是電力電纜業,約占二〇一九年銅消費量的16%(見表2.8)。

表2.8／銅產品與最終用途,二〇一九年

初級用途(半成品)	%
佈線	63.0
扁平軋製產品(板、片、帶)	12.0
銅管	12.0
銅棒材、銅排、銅型材	10.0
銅箔	3.0
最終用途	
設備	31.0
建築	28.0
基礎建設	16.0
運輸	13.0
工業	12.0

資料來源:國際銅研究組織

銅在電力和一般工程設計、鑄幣和運輸領域也有很多重要的應用。另外，銅線廣泛被用於電子設備的製造，銅板和銅帶亦然。銅和銅合金目前依舊是連接器生產的要角，不過，在電信領域，由於新科技要求高速數據傳輸功能，所以銅面臨了光纖的競爭。此外，無線通訊的快速進展，也讓有形連接器（需要用到銅）的必要性漸漸消失。

最近，銅在汽車產業的使用開始恢復，主要是因為現在汽車的電子零件使用量增加，同時電動車的銅含量約為燃油車的四倍，是一個新的（且迅速成長）的需求來源。此外，電動車的銅含量也很高。延續綠能主題，銅也用在可再生能源系統。每百萬瓦（megawatt，MW）風力發電機組有效產能所需要的銅，大約是燃煤或燃氣發電站需要量的十倍左右。

消費與貿易
用途及趨勢

建築及建設業的銅耗用量占歐洲和美國消費量的大宗。而在亞洲，電力和電子製造業所占比重較高，不過，隨著亞洲各國經濟逐漸發展，基礎建設和建築活動耗用的銅也增加了。

過去二十年間，亞洲一直是決定銅需求情勢的主要關鍵，目前占全球消費量的73％（二〇一九年）。二〇〇〇年至二〇一〇年間，中國的銅年度平均消費成長率為18％。城市化及鄉村電力建設是中國銅需求暴增的主因。由於經濟繁榮度提升，空調產品及冰箱、家電用品及其他高耗銅耐久性消費財──包括汽車──的需求也持續上升。另外，出口成長的貢獻也不遑多讓：中國是

上述產品的主要出口國。然而，在二〇一〇至一九年間，中國的
銅年度平均消費成長率降至6.2％，與中國更全面性的經濟成長
放緩同步。不過由於基期相對高，成長放緩依然代表著很大量的
銅消費量，二〇一九年，中國占全球銅消費量的將近54％（見表
2.9）。

表2.9／精煉銅消費國

	二〇〇〇年		二〇一〇年		二〇一九年	
	千噸	總數的%	千噸	總數的%	千噸	總數的%
中國	1,869	12.4	7,385	38.2	12,800	53.6
歐盟	4,375	29.0	3,438	17.8	3,136	13.1
美國	2,979	19.7	1,754	9.1	1,850	7.7
日本	1,351	8.9	1,060	5.5	1,011	4.2
南韓	862	5.7	856	4.4	633	2.6
印度	246	1.6	514	2.7	527	2.2
土耳其	248	1.6	369	1.9	464	1.9
墨西哥	463	3.1	274	1.4	442	1.8
台灣	628	4.2	532	2.8	371	1.6
泰國	151	1.0	244	1.3	356	1.5
其他	1,924	12.7	2,912	15.1	2,298	9.6
合計	15,096		19,338		23,888	

資料來源：世界金屬統計局

　　歐盟和美國仍然分別為第二及第三大銅消費國，但相比二
〇〇〇年，其市占率明顯萎縮。這反映了這些經濟體的去工業
化，以及以中國為首的亞洲已經成為全球的製造業基地。印度在
二〇〇〇年至二〇一〇年間，銅消費量迅速成長，但此後就停滯

不前，以人均計算其消費量更是微乎其微，反映出農村電氣化的
程度仍然很低。

貿易

到目前為止，智利依舊是各類銅的主要出口國，二〇一九年
大約占精煉銅總出口量的28％、銅精礦（concentrate）的36％以
及粗銅（blister）的31％。不過，隨著秘魯跟蒙古近十年來穩步
提升的精礦出口，智利的市占率呈現下滑趨勢。同時，南非也成
為粗銅的重要出口國。由於拉奧羅亞（La Oroya）冶煉場因環境
因素關閉，秘魯的精礦出口量也在下降。反之，近年來積極推動
精礦出口的俄羅斯與哈薩克則逐漸扮演要角。（見表2.10）

表2.10／二〇一九年銅主要出口國及進口國

	出口			進口	
	千噸	總數的%		千噸	總數的%
智利	2,228	28.0	中國	3,550	41.6
俄羅斯	675	8.5	美國	665	7.8
日本	537	6.7	德國	585	6.9
哈薩克	439	5.5	義大利	561	6.6
澳洲	407	5.1	台灣	477	5.6
中國	317	4.0	泰國	402	4.7

資料來源：世界金屬統計局

銅精礦進口貿易主要還是受亞洲各國支配，以中國為首（二
〇一九年占61.5％），日本則小得多（13.3％），其中，中國在二
〇〇九年取代日本，成為世界上最大的進口市場。中國國內的精

煉銅產量快速增加，但也大量進口精煉銅。然而，精煉銅的進口數量受價格的影響愈來愈大，因為中國買家會在高價時減少庫存的囤積，但在價格下跌時增加庫存。中國進口的銅，也有部分作為中國戰略性儲備之用。

產量及庫存
礦區產量

銅的開採活動因二〇〇二年至〇八年的多頭市場而恢復生氣，但在過去十年間，價格並沒有太大變化，投資人也相對意興闌珊。除了價格之外，還有一些因素阻礙了銅採礦的投資，其中部分因素也連帶影響其他原物料金屬的開採。

礦石品位（ore grade，譯注：原礦中有用礦物的含量，是衡量礦床經濟價值的主要指標）下降是個主因，尤其是在諸如智利及美國等成熟的銅礦區域。在拉丁美洲及印尼，產量下降的主因則是罷工以及因環保與地方社群的顧慮而推遲專案所導致。充滿不確定性的營運環境帶來許多額外的難處，因為國族主義色彩愈顯濃厚的政府會定期改變稅制與監管法規。某些區域更是因為政局不穩定，而對投資形成阻礙。

儘管如此，秘魯在過去十年之間，礦產量幾乎翻倍，而墨西哥、剛果和中國的新礦區也正要投產。

從一九八二年以來，智利就取代美國，成為世界上最大的銅礦生產國。二〇一九年，智利生產580萬噸的銅，約占總產量的28%（見表2.11）。國有的智利國家銅業公司（Codelco）是最大的生產商，不過，該國最大的埃斯康迪亞（Escondida）礦區卻是

由民營企業所有（澳洲的必和必拓〔BHP Billiton，占360％〕及英國／澳洲的力拓〔Rio Tinto，占30％〕等公司持有）。智利的產銅帶一直向北延伸到秘魯、墨西哥和美國，而這四個國家支配著全球的產量，大約占二○一九年總產量的50％。

表2.11／銅礦產量

	二○○○年		二○一○年		二○一九年	
	千噸	總數的%	千噸	總數的%	千噸	總數的%
智利	4,602	34.8	5,419	33.4	5,787	28.0
秘魯	553	4.2	1,247	7.7	2,455	11.9
中國	549	4.2	1,180	7.3	1,601	7.7
剛果	33	0.2	378	2.3	1,433	6.9
美國	1,440	10.9	1,110	6.8	1,285	6.2
澳洲	832	6.3	870	5.4	938	4.5
俄羅斯	580	4.4	703	4.3	773	3.7
墨西哥	365	2.8	440	2.7	770	3.7
尚比亞	249	1.9	784	4.8	759	3.7
加拿大	634	4.8	566	3.5	573	2.8
波蘭	454	3.4	427	2.6	449	2.2
其他	2,925	22.1	3,118	19.2	3,847	18.6
合計	13,216		16,242		20,670	

資料來源：世界金屬統計局

　　一九六○年代及一九七○年代時，尚比亞和剛果是世界上最主要的銅產區之一，在鼎盛時期，該地區產量大約占世界總產出的15％至20％。這些礦區分別從英國和比利時獨立出來後，於銅價極低的時期被收歸國有，產量也跟著銳減。一九九○年代這些礦區開始私有化，加上中國需求的爆炸性成長，導致這個地區又

開始吸引投資者進駐，尤其是來自中國的投資，因此目前該地區的產量正逐漸回升。

　　中國是另一個銅生產大國，二〇一九年的產量為160萬1000噸，占全球產量的7.7％，但目前它的產量還是無法滿足自身需求，而且中國也是世界上最大的銅及精煉銅進口國。

精煉產量

　　如今，世界前五大精煉銅生產國的產量共占世界精煉銅總產出的70％（見表2.12）：中國目前在精煉銅領域占主導地位，產量近年來仍然持續大幅度成長。根據報導，中國在二〇二〇年增加了35萬噸產能，而二〇二一至二二年計畫增加到40萬噸。由於中國依然仰賴進口以滿足其需求，未來幾年中國精煉銅產量的全球占比將會進一步上升。顯而易見，全球五個最大的銅精煉廠都位於中國（見表2.13）。

表2.12／精煉銅的主要生產國

	二〇〇〇年		二〇一〇年		二〇一九年	
	千噸	總數的%	千噸	總數的%	千噸	總數的%
中國	1,312	12.3	4,540	23.6	9,447	40.0
歐盟	2,384	22.3	2,636	13.7	2,547	10.8
智利	2,669	25.0	3,244	16.9	2,269	9.6
日本	1,437	13.4	1,549	8.1	1,495	6.3
美國	1,802	16.9	1,098	5.7	1,057	4.5
俄羅斯	824	7.7	900	4.7	1,020	4.3
剛果	29	0.3	254	1.3	842	3.6

南韓	471	4.4	556	2.9	639	2.7
尚比亞	226	2.1	767	4.0	458	1.9
其他	3,607	24.4	3,674	19.1	3,841	16.3
合計	14,761		19,218		23,615	

資料來源：世界金屬統計局

表2.13／二○二○年十大銅精煉廠

精煉廠	國家	所有權人	產量，千噸
貴溪	中國	江西銅業	1,100
東營方圓	中國	山東方圓有色金屬礦業	700
湖北大冶	中國	大冶有色金屬礦業	600
金川	中國	金川有色金屬礦業	600
雲南銅業	中國	雲南銅業集團（68％）	500
波拉（Birla）	印度	波拉集團（印度鋁工業公司）	500
斯特里特（Sterlite）	印度	韋丹塔公司（Vedanta）	460
赤峰	中國	赤峰金峰銅業	460
Pyshma Refinery	俄羅斯	烏拉爾礦業冶金公司（Urals Mining and Metallurgical Co.，簡稱UMMC）	450
金川（防城港）	中國	金川有色金屬礦業	450
東洋／新居濱（別子〔Besshi〕）	日本	住友金屬礦業公司（Sumitomo Metal Mining Co）	450

資料來源：國際銅研究組織

　　出了中國，銅精煉的趨勢不容樂觀。特別是印度，在韋丹塔年產40萬噸的Tuticorin銅冶煉廠因為環境因素而關閉，使二○一七至一九年間產量減半。接續在二○二○年，波拉冶煉廠因為全國的封城措施也在三月到五月期間關閉。與此同時，尚比亞政府在二○一九年初以激勵當地礦區投資為由，對銅精礦的進口加徵

5％的關稅。然而，其政府隨後在二○二○年反悔，因為意識到這個徵稅措施削弱了國內精煉廠的競爭力。

剛果則是一個例外，其銅精煉的產量顯著增加。所有生產都在礦區附近的工廠以溶劑萃取──電積法精煉銅。在二○二○年，年產12萬噸的盧阿巴拉（Lualaba）冶煉廠（由中國有色礦業持有）投產；報導指出，加拿大的艾芬豪礦業（Ivanhoe Mines）提議在其Kamoa Kakula礦區建造年產25萬噸的冶煉廠。

庫存與相關議題

庫存報告顯示，二○一九年至二○年間的庫存相對較低，部分原因是礦區的供給受到抑制，以及中國的需求持續強勁。二○二○年，受疫情牽連，礦區供給中斷，加上中國經濟活動在該年下半年迅速反彈，導致交易所的庫存急遽下降。同時，中國也在增加銅的戰略儲備，然而量的多寡則是國家機密。

銅的市場

銅是交易最活絡的基本金屬，儘管來自上海期貨交易所得的競爭日漸增大，LME仍是目前最具支配力量的價格設定者。二○二○年，上海期貨交易所推出了對國外投資者開放的國際銅期貨合約，並以人民幣計價。中國希望藉此在市場上擁有更多的定價權，同時也是為了使人民幣國際化並規避與原物料採購連動的貨幣風險。北美市場的基準則是由COMEX決定。

銅的價格是透過買進／賣出開價（bid and offer）流程決定。

這些交易所也有期貨和選擇權合約產品，而且都有提供倉儲設施，因此，實際上有收、交銅現貨需要的市場參與者只要配合各個交易所的條件，就能收、交銅的現貨。

業界的合約普遍採用LME和COMEX的月平均價，而精煉銅則會視品質和所在位置，再加上適當的溢價。銅精礦也是根據LME或COMEX的價格來買賣，不過會扣除冶煉和精煉的費用。粗銅的銷售方式也和銅精礦一樣，不過沒有扣除冶煉的費用。

有史以來第一檔以現貨銅部位擔保的ETF在二〇一〇年十二月上市。經過了一個不穩定的開局之後，儘管爭議仍存在，但如今銅ETF已經成為投資者投資銅市場的常態方式了。有些人擔心，庫存低迷的時候，這些ETF可能會藉由鎖定庫存的方式哄抬價格。

價格趨勢

過去十年來，銅價波動激烈。二〇一〇年，由於全球金融危機後中國對經濟的刺激措施，銅價一度超過每噸10,000美元，之後隨著中國撤回經濟刺激政策，以及中國主導的價格飆漲期間（二〇〇二至〇八年）啟動的銅礦區項目開始投產，銅價開始滑落。二〇一六年初，由於擔心中國「硬著陸」（hard landing）或經濟成長急速轉下，銅價跌至每噸近4,000美元的谷底（見圖2.6）。在此之後，因著綠色經濟中銅的廣泛應用，而使人們對其需求樂觀看待，銅價回升。不可否認的是，隨著全球經濟活動因為疫情相關的管制措施而陷入停滯，銅價因此在二〇二〇上半年大幅滑落，但很快便又反彈。中國經濟命運的快速轉變，意味著

圖2.6／銅庫存與價格

＊：有呈報的西方商業庫存總數，進位至千噸。
資料來源：倫敦金屬交易所、世界金屬統計局

銅價在二○二○年尾會明顯高於前一年同期的價格。

　　在製造業的廣泛應用，使得銅價被視為經濟活動的風向球，因此獲得「銅博士」的稱號（它是衡量全球經濟健康狀態的指標）。事實上，因著中國在銅消費市占率上的份量，銅價與中國的經濟活動更加一致。這個特徵在二○二○年時尤其顯著，當時隨著中國經濟復甦，銅價飆升，然而全球的經濟活動卻仍在低迷狀態中。

未來展望

　　■ 開發中國家在實現城市化和提高生活水準的過程中，銅是不可或缺的金屬，基於這一點，銅的需求理應有強勁的成長力

道。然而中國的大量使用，也意味著銅與中國的經濟趨勢緊密連動。如果中國當局成功地轉變其仰賴投資拉動的成長模式，銅的消費量將會大幅下降；至於是否有其他新興經濟體能填補這個缺口，則未見明朗。

■ 銅廣泛用在電動車與儲電電池中，這也表示銅市場在去碳排的趨勢上，也會明顯受惠。

■ 一直以來，銅的礦區產量特別容易受到意料外生產中斷的衝擊。罷工、意外事故、技術困難、礦砂等級不佳、規畫上的限制、緊縮的信用情勢、政治風險和技術勞工、設備及其他供給品短缺等，都曾導致新的採礦專案無法順利及時開工或現有專案無法平順運作。近來對銅礦專案的反對主要來自環境考量，而這也成為阻礙投資的因素之一。

■ 電力和水力有可能會短缺，對主要的生產地區──尤其是智利、南非和中國──來說，這兩者是銅採集或採礦過程中的關鍵要素。

■ 投資領域對銅的需求量也攸關重大。以目前的情況來說，當美元弱勢，投資基金對原物料商品的興趣就會比較高。

［黃金］

　　黃金是世界上最稀有的金屬之一，也是人類最早認識的金屬之一。儘管黃金向來被大量用在裝飾品上，但它也有工業上的用途。黃金的特性包括極耐腐蝕、傳導性良好；另外，它的延展性及可塑性也相當好。儘管黃金的柔軟度讓它擁有良好的延展性，但這項特性也顯示，黃金有時必須和其他金屬（銀或銅）合鑄在一起，堅硬度才能提高。黃金向來被視為一種保值物，根據世界黃金協會（World Gold Council，簡稱WGC）的統計，在已開採的黃金裡，只有2%隨著時光的消逝而流失。

採集、加工和礦藏

　　黃金可從開放式礦區開採，也能在地下礦坑開採；黃金礦坑裡通常都含有其他金屬，尤其是鉛、鋅和銅，而且地理分布非常分散。河床（砂礫礦床）上及岩縫（脈狀礦床）裡都經常會發現黃金礦床。金礦砂開採出來後，必須經過漫長又耗時的流程，才能從一樣也存在於礦砂裡的碳、氧化物或硫化物中分離出黃金。加工的最後階段是把黃金熔成金條狀，這種金條的純金含量約90%，而這種金條必須進一步運到精煉廠去處理。美國地質調查局估計，黃金礦藏量（還在地底下的）為5萬噸。

產品與用途

　　典型而言，黃金的主要最終用途是製作珠寶。直到一九九九年時，珠寶的黃金消費量為 320 萬噸，大約占年度黃金消費量的 80％。到二○一九年時，這項用途的占比降到 48％，總消費噸數降到 200 萬噸出頭（見表 2.14）。黃金在珠寶用量上的降低，部分是反映近幾年的高金價，另外，因為流行時尚的緣故，一般人漸漸偏好較便宜的裝飾用珠寶，所以，黃金珠寶已不像以往那麼受青睞。

表 2.14／各類型黃金消費

	二○一○年		二○一九年	
	千噸	總數的%	千噸	總數的%
工業	415	9.9	312	7.1
電子	327	7.8	262	6.0
其他	88	2.1	50	1.1
牙醫	46	1.1	14	0.3
珠寶	2,057	49.1	2,123	48.4
淨零散投資*	1,204	28.7	871	19.9
ETF	389	9.3	398	9.1
央行	79	1.9	669	15.2
合計	4,190		4,387	

＊金條及金幣；不包含 ETF 或其他投資流入。
資料來源：世界黃金協會

　　不過，黃金投資需求的強勁成長，遠遠超過了珠寶消費量降低所造成的缺口。投資需求包括金條、金幣和 ETF 所持有的黃金。黃金的很多特性──包括高流通性和高全球接受度或認同度

（品質標準非常明確，可以輕易查對）、量少質精（所以很容易帶著走，同時讓儲藏成本降低），以及幾乎牢不可破等——讓它成為一種吸引人的投資標的，尤其是非常吸引人的原物料商品投資。黃金也非常稀少（尤其和其他法定貨幣〔fiat currency〕——即各國政府發行的紙幣——比起來）。不過，黃金也有負面特質，相較於一般的貨幣，黃金並沒有一個類似中央銀行的機構能監控它的價值並採取任何行動來支撐它的價格。另外，黃金投資也賺不到利息。

　　黃金也可用於工業用途（不過由於金價過高，所以只有在萬不得已、完全沒有適合替代物可用的情況下，業者才會使用黃金），電子業主要用它來製造半導體和印刷電路板。另外，傳導性良好的黃金也可作為電線用途，只是，在這個用途上，一般人通常會以鋁和銅取代黃金，因為這兩者的成本比黃金低很多。而由於黃金是生物相容性（biocompatibility）良好的材料，所以它過去被廣泛用在醫藥和牙醫業，不過，因塑膠和陶瓷等更便宜的替代物愈來愈容易取得，所以牙醫業漸漸不再使用黃金。工業及牙醫業的黃金使用量大約占二〇一九年全球黃金總消費量的7.4％，低於二〇一〇年的11％，其中大部分的降幅是電子業的黃金消費量下降所導致。

消費與貿易

　　雖然珠寶用途仍然是黃金需求的最大單一來源，然而在二〇一〇至二〇年間，其需求並未成長。印度向來是黃金珠寶及一般黃金的最大消費國。在印度文化裡，黃金向來被視為最基本的保

值物,所以在印度的節日與／或印度結婚季節,金價經常會突然大幅上漲。然而,印度的珠寶消費在二〇一一至一二年間大幅下滑,到二〇一二年,中國超越印度成為世界上最大的黃金珠寶消費國(見表2.15)。自二〇一七年以來,印度的消費再度下滑,而二〇一九年中國和印度的珠寶購買量雙雙下降。此外,數據顯示,二〇二〇年的跌幅更加擴大;事實上,幾乎所有地區的金飾消費都在該年下降,價格的飆升與對經濟前景的不確定是其主因。此外,疫情也限制了二〇二〇年婚禮與宗教節日等慶祝活動的數量和規模;除了高價之外,根據報導,黃金首飾也不再那麼受到中國的年輕消費者青睞,主要因為黃金的風格通常代表著「老派」。

表2.15／黃金珠寶消費

	二〇一〇年		二〇一九年	
	噸	總數的%	噸	總數的%
中國	485	23.6	676	31.9
印度	662	32.2	545	25.7
美國	122	5.9	131	6.2
俄羅斯	60	2.9	45	2.1
印尼	33	1.6	40	1.9
沙烏地阿拉伯	70	3.4	38	1.8
土耳其	68	3.3	37	1.7
阿聯酋	67	3.3	34	1.6
伊朗	42	2.0	31	1.4
埃及	53	2.6	27	1.2
其他	395	19.2	521	24.5
合計	2,057		2,123	

資料來源:世界黃金協會

　　與珠寶消費形成對比的是，黃金的投資需求在二〇一九年開始強勁成長，並在二〇二〇年因新冠疫情造成的經濟不確定性而激增。在歐洲及美國，這尤其反映在官方貨幣購買量的大幅增加，但也有大量資金流入 ETF。美國實質利率的下降，只能黃金變成更具吸引力的投資標的，因為投資黃金的機會成本幾乎都不存在了──因為持有黃金不會增加任何收入（沒有利息），只有黃金價格上漲才會獲得資本利得──（見圖2.7）。同時間，國際上普遍寬鬆的財政政策，也造成市場對黃金的利多評價。擴張性財政政策往往會導致通貨膨脹，這使人們認為黃金是一種抗通膨的工具；但如果美元因為通貨膨脹而失去購買力，黃金的價格也會跟生活成本同步上升。

　　二〇一〇年至二〇年間，央行的購買成為新的黃金需求來源，因為貨幣當局試圖降低對美元的持有量，分散他們持有的資產。然而，大部分的購買需求來自少數幾個央行，其中也包括面臨美國制裁的國家。俄羅斯央行近年來一直是積極的黃金買家（多數來自其國內開採的黃金），但它在二〇二〇年四月暫停了黃金購買計畫。這可能是二〇二〇年第三季度，成為各國央行自二〇一〇年來出現第一次淨拋售的原因之一。

　　與此同時，二〇一〇年至二〇年間，黃金在牙醫業的應用也持續下降。更加便宜、美觀的陶瓷，已經在絕大多數牙醫業的應用上取代黃金。過去十年，黃金在工業的使用量也急遽滑落，部分原因出自元件的微型化趨勢；然而，在 5G 基礎設施的印刷電路中的應用，正開始挽救黃金在工業上的使用量。

圖2.7／ 黃金與美國十年期國債殖利率

資料來源：路孚特

產量與庫存
礦區產量

　　礦區供給通常占年度黃金供給的70％左右（二○一○年至二○一九年的年度平均比率是71％），相較於其他原物料商品，黃金的礦區產量比率偏低。黃金的開採活動很分散，並非由單一國家或地區所主導。此外，參與黃金開採的小型「初級」（junior）礦業公司的比例高於基本金屬。

　　隨著金價在二○一○年至一一年飆升，投資金礦的意願與興趣大幅加溫，自那時起，金礦產量一直穩定成長，平均年成長率為2.8％。然而，二○一九年礦區產量供給下降了1％，這是自二○○八年以來產量首次同比前一年下降，主要是由於中國的產量減少導致。二○二○年礦區供給量下降的幅度更大，因為許多礦區因著新冠疫情的防控措施而被迫關閉。

　　金礦開採業務一直因許多限制而陷入苦戰狀態，其中很多限制是整個採礦產業都得應付的共同問題。最顯著的一項是勞工抗爭──礦工要求更高的薪資和更好的工作條件──特別是在南非和秘魯。南非一直都存在電力供給的問題，另外，當地礦砂的品質也在降低。至於中國，政府根據安全及環保監理法規而執行的取締行動，也阻礙了中國的黃金產出成長率。二〇一九年，中國的礦區供給連續第三年下降，因為政府一直積極努力透過回收自然保護區的採礦權以及關閉老舊和低效的礦區的方式，來整合這個產業。愈加嚴厲的安全及環保監理法規以及不斷攀升的間接成本，提高了國內生產的成本。

　　二〇〇七年時，中國取代南非和澳洲，成為世界上最大的黃金開採國，並一直保有最大開採國的地位（見表2.16）。另一方面，向來是世界最大黃金生產國的南非金礦產業卻似乎因獲利能力降低（部分是由於電力、勞動成本上漲及礦區老化等造成）而陷入長期走下坡的趨勢。相較之下，澳洲、俄羅斯和加拿大的產量則一直穩健成長。

　　除了南非以外，漠南非洲國家（Sub-Saharan Africa）的金礦生產反而普遍增加，尤其是小型的礦區。西非國家迦納、布吉納法索（Burkina Faso）和象牙海岸的產量成長尤其強勁。

來自回收的次級供給

　　回收黃金（即廢金）大約占二〇一〇年至一九年度供給量的29%，不過，如果金價上漲和／或經濟狀況疲弱引發一些賤價出售黃金的行為，廢金供給就會增加。隨著價格在二〇一九年下

表2.16／黃金礦區供給

	二〇一〇年		二〇一九年	
	噸	總數的%	噸	總數的%
中國	351	12.8	383	10.8
俄羅斯	203	7.4	330	9.3
澳洲	257	9.3	325	9.2
美國	231	8.4	200	5.7
加拿大	102	3.7	183	5.2
秘魯	185	6.7	143	4.1
迦納	94	3.4	142	4.0
南非	210	7.6	118	3.3
墨西哥	79	2.9	111	3.2
其他	1,038	37.7	1,598	45.2
總礦區供給	2,750		3,534	
回收黃金	1,675		1,281	
淨生產者避險部位	-109		-1	
合計	4,316		4,814	

資料來源：世界黃金協會

半年開始回升，廢金供給也在該年成長了11％。考量到價格飆升以及新冠疫情的負面經濟影響，廢金供給似乎可能在二〇二〇年大幅增加；然而，許多國家對非必需品零售商的限制，導致廢金供給量在該年上半年停滯不前。隨著封鎖措施的逐步取消，第三季的供給量有所回升，創下了二〇一二年第四季以來的單季度最高。

黃金的市場

　　儘管幾千年來黃金曾被用來作為貨幣或保值物，但是一直到十七世紀，黃金才正式開始在倫敦交易。然而，到十九世紀時，它的重要性已不可同日而語，這時的黃金已成為全球固定匯率制度——即金本位（Gold Standard）——的基準。另外，從一九四〇年代中期一直到一九七〇年代初期，它也被用來作為所謂布列敦森林協議（Bretton Woods，一九七〇年代初期後瓦解）固定匯率機制的基礎。布列敦森林協議的瓦解當然傷害了黃金的認知價值，不過，這也意味了三百年來，黃金首度得以成為自由貿易的標的。

　　黃金市場的規模和流通性幾乎比其他所有原物料商品市場都來得大，而且流通性幾乎最高；以交易量來說，黃金市場規模不亞於大型已開發國家的主權債券市場。以前絕大多數的黃金交易都是透過櫃檯市場進行，不過，這種市場的資訊並不透明。倫敦是最大的黃金市場（約占交易量的70％），不過紐約、上海、東京和蘇黎世的交易量也不小。近些年黃金的交易模式漸漸邁向原物料商品化，且轉向監理標準較高的交易所（受二〇〇八年至〇九年間金融危機影響的結果），減少了櫃檯市場的黃金交易量。

　　最普遍受國際認同的金價標竿是倫敦金銀市場協會（London Bullion Market Association，簡稱LBMA）一天兩次的固定報價，這些價格是洲際交易所（Intercontinental Exchange）交易平台上拍賣的結果。然而，黃金在世界各地都有交易，包括杜拜、上海、越南、中國、印度和巴基斯坦等地的重要交易所，還有美國、歐洲和日本等較傳統的市場。

　　史上第一檔主要的黃金ETF——標準普爾金融服務有限公司黃金股份基金（SPDR Goldshares）——是二〇〇四年在世界黃金協會（World Gold Council）的贊助下成立，迄今仍是世界上最大的黃金ETF。ETF是投資人透過黃金現貨價格獲益的管道之一，在這種ETF出現前，投資人只能間接投資黃金，如購買黃金期貨或金礦股。ETF受到各個交易所監理，在亞洲、南非、北美及歐洲都很普遍。這些產品雖然擴展了黃金的投資者群，卻也招來一些批評，有人宣稱這些替代性投資產品問世後，投資人不直接投資金礦股也能參與黃金投資，結果讓金礦公司更難以取得融資來源。另外，也有些人批評，這些產品的存在會導致市場供給降低（因為某些ETF是以黃金現貨做擔保），所以一旦市場上的整體黃金需求增加時，這些產品就會形成助漲的效果（黃金密度高又容易運送及儲藏，所以非常適合作為現貨投資的標的）。然而，並非所有ETF都是以黃金現貨做擔保，有些ETF是以黃金期貨做擔保。

　　黃金期貨市場是世界上僅次於石油市場的最大原物料商品期貨市場。金礦業者向來利用黃金衍生性金融商品（期貨及選擇權）來規避金價大幅波動的風險。然而，近幾年的高金價，促使幾乎所有金礦業者都結清了它們的避險部位。不過，黃金期貨的交易量依舊很大，尤其是在美國的COMEX和芝商所電子交易平台（CME Globex）、芝加哥交易局和東京原物料商品交易所；另外，印度、杜拜和上海期貨交易所也都有黃金期貨的交易。儘管如此，現貨交易仍占主導地位，約占總交易的90％。

價格趨勢

不同於大多數原物料商品，市場基本面（實際供需之間的平衡）並非驅動價格的關鍵因素。對黃金的投資需求更是影響價格的重要原因。

投資者通常把黃金視為避險資產，這表示黃金的價格會在股票或債券市場下跌時上漲，這也是黃金之所以可以增進資產組合多樣化的原因。

黃金和各項經濟指標之間，向來維持許多不同的關係。其中，金價一向和美國實質債券的殖利率負相關。當利率走低，黃金的吸引力會上升，因為持有黃金相對於持有債券的機會成本會降低。

黃金價格有時候也跟美元價格呈負相關（見圖2.8）。這反映出黃金被用來規避通貨膨脹風險的特性，另外，當美元貶值，用其他貨幣來買黃金及其他以美元計價的原物料商品，相對就比較划算，所以美元貶值時，黃金的需求就會上升，金價則上漲。然而由於美元也可以當作一種避險資產，所以也有些時候，黃金跟美元的走勢相同。

黃金也被視為規避通貨膨脹風險的工具，尤其是超級通貨膨脹（hyperinflation），因為在這種時期法定貨幣通常會大幅貶值，黃金卻能保值。黃金也沒有交易對手風險（counterparty risk，編按：指交易時對方不履行買賣合約責任的風險），在金融危機期間，這一點尤其重要，因為當時無論是實際或認知上的交易對手風險都非常高。地緣政治風險是促進黃金消費（這讓金價進一步上漲）的另一個要素。

圖2.8／金價與美元指數

資料來源：路孚特

　　從二〇〇一年起，除了（含）二〇一三至一五年間，黃金每年的均價都上漲。然而，在這之前，金價其實已下跌了很長一段時間，所以若以實質價格計算，金價還低於一九八〇年代初期的高峰價。在二〇一七至一八年間，金價多在每金衡盎司1,200美元附近窄幅波動，在聯準會（美國央行）決定降息的背景之下，金價在二〇一九年開始回升。然而，由於疫情產生的經濟不確定性，以及世界各地因而採取極為寬鬆的財政與貨幣政策，使得投資人在疫情期間爭相搶購黃金，造成金價在二〇二〇年飆升。

未來展望

■ 與疫情相關的財政支出與政府舉債額度的上升，導致在殖利率極低的當下，對黃金的需求與價格構成大利多。然而，如

果經濟迅速復甦，投資人對黃金的需求就可能大幅下降。

■ 礦區供給有可能變得愈來愈不確定，尤其若金價下跌或金礦公司難以取得融資，情況將變得更嚴重。

■ 中期而言，預估黃金還是能保有它的工業用途，目前黃金被用到很多新的科技用途，特別是作為控制碳排放方面的一種有效催化劑，還有使用於太陽能電池和5G基礎設施之中。

［其他貴金屬］

白銀

白銀是一種閃耀的白色貴金屬，它的許多化學特性和黃金很類似，而且由於白銀礦藏豐富又比較便宜，所以它的工業用途比較廣泛。白銀的延展性及可塑性都很好，而且導電及導熱能力也很高。另外，白銀向來也因擁有抗菌的特質而被使用在醫療產品上。白銀以純銀、與黃金或其他各種礦砂（主要是銅、鉛和鋅）混雜等形式存在。所以，通常在開採其他（價值更高的）金屬礦砂如黃金或銅時，會順帶開採白銀。

消費及用途

白銀被用在珠寶、鑄幣和裝飾家用品如刀具等，已好幾千年。如今，印度是白銀珠寶的最大市場。印度的消費量在二〇一八年創下歷史新高，但隔年又衰退1％，反映出其經濟成長放緩以及季風帶的不穩定氣候（印度農民是貴金屬的大宗消費者）。事實上，在大多數主要市場，二〇一九年的珠寶需求都呈現衰退局面。跟黃金命運相同的是，白銀的需求也因潮流轉向更加鮮艷多彩的服飾珠寶而減少，且印度也是銀器的最大消費市場。

　　白銀的工業消費量約占世界總消費量的50％（見表2.17）。白銀也被用於導電體、開關和斷路器、電池、鏡子和攝影用膠片上。近年來，白銀需求的成長主要來自太陽能產業，尤其是光電（太陽能）面板，然而因為其相對高昂的成本，業者努力逐步減少光電板的銀含量。而隨著數位相機的常態化，攝影用膠片的需求也長期下降。

表2.17／各產業的白銀消費量

	二〇一〇年		二〇一九年	
	百萬盎司	總數的%	百萬盎司	總數的%
工業應用	566	53.9	511	51.5
太陽能	–	–	96	9.7
攝影	68	6.4	34	3.4
珠寶	190	18.1	201	20.3
銀器	52	4.9	60	6.0
淨投資需求＊	174	16.6	186	18.8
總需求	1,050		992	

＊包括生產者避險活動
資料來源：白銀協會

　　白銀的投資需求雖不如它的好姐妹——黃金；然而在二〇一〇年至一五年間，其消費量強勁成長，二〇一五年達到3.104億盎司的消費量高峰，之後便有所回落。白銀有許多與黃金相似的特性，像是當作避險資產以及抗通膨的能力。一如黃金，以現貨白銀做擔保的ETF成立之後，讓白銀的投資者族群得以擴大。此外，持有銀幣也是散戶投資者參與白銀市場的常見方式。

產量

　　礦區供給量大約占二○一九年白銀全球年度供給量的82％，剩下的則是來自廢銀回收和微不足道的官方銷售與生產者避險。自二○一六年以來，礦區供給呈現穩定衰退，礦砂品質下降與勞動導致的生產中斷是主因。

表2.18／主要白銀生產國，二○一九年

	百萬盎司	總數的％
墨西哥	190.3	22.7
秘魯	135.4	16.2
中國	110.7	13.2
澳洲	42.9	5.1
俄羅斯	42.4	5.1
波蘭	40.4	4.8
智利	38.2	4.6
玻利維亞	37.2	4.4
阿根廷	34.8	4.2
美國	31.5	3.8
其他	132.7	15.9
合計	836.5	

資料來源：白銀協會

　　拉丁美洲前五大生產國占了二○一九年白銀全球總產出的52％（見表2.18），不過，白銀蘊藏的地理位置非常分散，較大的生產國位於亞洲（中國、印度）、澳洲、歐洲（土耳其、瑞典）以及俄羅斯。世界上最大的白銀生產企業包括佩諾爾斯工業（Industrias Peñoles，墨西哥）、多金屬國際（Polymetal

International，英國／俄羅斯）、弗雷斯尼洛公司（Fresnillo，墨西哥）和泛美銀礦公司（Pan American Silver，加拿大）。但所有企業都不具顯著的支配地位，而且各地都有很多小型銀礦公司從事白銀的開採及生產。

白銀的市場

　　投資人可以白銀條塊（純銀條）、銀幣和徽章等形式購買白銀，也能在紐約、多倫多或倫敦股票交易所，透過購買ETF的方式購買白銀。紐約股票交易所也有白銀的衍生性金融產品。由於白銀市場遠比黃金市場小，所以過去曾發生過大型買家試圖壟斷市場，以操縱白銀價格的例子（最著名的是一九七〇年代的杭特兄弟〔Hunt brothers〕），不過最後都沒有人成功達到目的。最常用的白銀標竿報價是美國的漢迪哈曼（Handy & Harman）底價及倫敦金銀市場協會的固定價格。

價格趨勢

　　二〇〇二至一一年間，白銀的價格年穩定上漲，主要是因為投資需求增加。其中，二〇〇六年及二〇〇九年，白銀價格漲幅最顯著，因為首支白銀ETF分別在這兩年於不同市場成立。然而，自二〇一二年以來，銀價便長期維持弱勢。因為白銀在工業上的用途更廣泛，因此銀價比起金價（會在經濟疲弱時價格反而上漲），更容易受全球經濟活動或商業景氣循環的影響，而中國工業活動放緩的跡象也會抑制銀價。然而，銀價在二〇二〇年出

現驚人的反彈，表現甚至優於黃金（見圖2.9），從中可看出白銀價格的波動性比黃金價格更大。二〇二〇年，白銀受惠於投資人的避險需求提升以及中國工業活動的迅速復甦。

圖2.9／黃金與白銀價格（二〇一五年一月一日＝100）

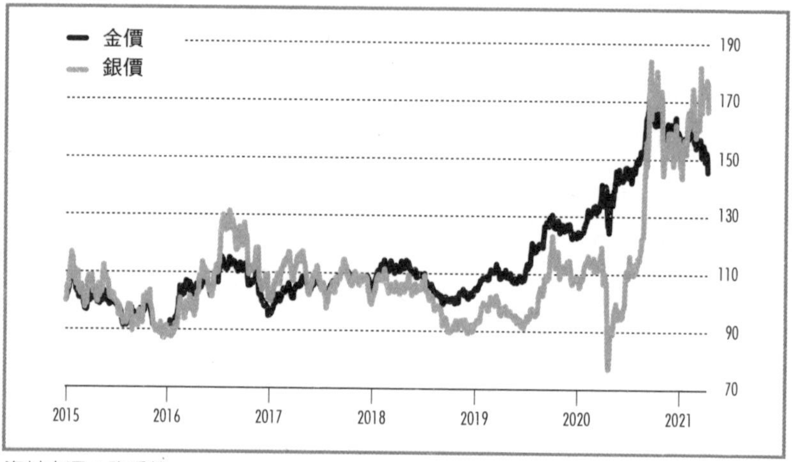

資料來源：路孚特

未來展望

- 由於白銀具工業用途，尤其它可用於許多新型環保技術，所以，中期而言，白銀的工業需求仍將強勁。特別是電動車與油電混合車的銀含量高於傳統燃油車。
- 近幾年來，白銀投資需求的持續上升，促使整體消費量增加。不過也因如此，銀價變得容易受投資人偏好影響，例如當貨幣政策開始緊縮，利率開始上升，銀價就容易受波及。
- 如果白銀產業無法吸引投資人，特別是銀價很低時，礦區就可能開始減產。

鉑金

鉑金俗稱白金，是一種灰白色的貴金屬，也是地殼最罕見的元素之一。它的延展性及可塑性都很好，而且熔點很高，所以是絕佳的導電體，而且它也非常耐腐蝕。鉑金通常以純鉑金的形態存在於自然界，但也常會和鎳及銅礦砂並存。人類最早在十八世紀初期就已發現鉑金，這項金屬的精煉及特性測試作業最早是在一七五〇年代展開。

消費及用途

鉑金的主要工業用途是柴油動力車的觸媒轉換器，這部分大約占二〇一九年全球總消費量的34%（見表2.19）。汽車觸媒的原理是利用貴金屬將汽車內的有害氣體轉化為無害的物質。另外，大約略低於四分之一的鉑金消費量是用於珠寶用途，鉑金珠寶在中國和印度尤其受歡迎，但近期消費量一直在下降，尤其是在中國。其他用途包括電氣接點（electrical contacts）、液晶顯示器玻璃、石化業、石油提煉及實驗室設備等。鉑金也用於牙醫及醫藥業。

二〇一一年至一九年的年度平均消費量成長較低，只有1%（在全球金融危機後的反彈，二〇一〇年的消費量成長了16%）。而自二〇一六年以來，作為柴油動力車觸媒的需求也一直在下降，尤其是在歐洲。儘管歐盟仍是柴油汽車在全世界最大的單一市場，但也逐漸不受青睞。二〇一〇年，柴油汽車在歐盟車市占

表2.19／各產業的鉑金消費情況

	二〇一〇年		二〇一九年	
	千盎司	總數的%	千盎司	總數的%
汽車觸媒	3,075	38.9	2,876	34.0
珠寶	2,420	30.6	2,052	24.3
投資	655	8.3	1,131	13.4
化學	440	5.6	700	8.3
玻璃	385	4.9	409	4.8
石油	170	2.2	250	3.0
醫療與生醫	230	2.9	229	2.7
電子	230	2.9	224	2.6
其他	300	3.8	588	7.0
總需求量	7,905		8,459	

資料來源：強納生馬賽公司（Johnson Matthey）

50％，然而到了二〇一九年，已剩下38％。除了對環境的擔憂之外，福斯（Volkswagen）廢氣排放醜聞更令這個情況雪上加霜。由於二〇二〇年因為疫情導致的封城，汽車生產商被迫關閉，汽車觸媒的需求再次下降。此外，作為世界上第二大柴油汽車市場的印度，其推行的新的排放標準（巴拉特第六階段，Bharat VI）會顯著提升柴油車的生產成本，這必然會導致鉑金的需求與產量下降。

　　正面消息則來自不斷上升的投資需求，二〇一九至二〇年的購買量尤其大。現在市場上也有了鉑金ETF，受益於避險需求以及相對便宜的價格（相對於白銀和黃金，鉑金的價格長期低迷），二〇一九至二〇年買盤大幅增加。

　　鉑金需求成長的另一個來源是在化學部門的應用，主要在中

國：鉑金在一些石化製程上，作為觸媒使用。

產量

　　過去十年間，鉑金的供給停滯不前，平均總供給量約為每年600萬盎司（見表2.20）。鉑金的生產受南非支配，其產量占鉑金全球年度產出超過70％，其中90％來自西布什維爾（Western Bushveld）地區。和黃金一樣，南非鉑金產量的占比也因電力供給的不確定性及高電力成本、礦石品位下滑及成本上升（主要是工資）等問題而開始減少。儘管如此，這個行業正在經歷一個合理化與重組的過程，而新產能的高效生產效率也經過了驗證。因為疫情導致的封城，二〇二〇年的產量急劇下降，但二〇二一年在高檔價格的刺激下，產能應會再度上升。擁有大型鎳礦的俄羅斯是全球第二大鉑金生產國，但該行業也開始受到礦區老化以及礦石品位下降的影響。然而在二〇二〇年疫情期間仍維持運作。

　　主要的鉑金礦業公司包括礦區大多在南非的英美鉑金公司（Anglo American Platinum）、英帕拉鉑金公司（Impala Platinum）、諾瑟姆鉑金公司（Northam Platinum）和西班伊靜水公司（Sibanye-Stillwater），以及礦區在俄羅斯的諾里爾斯克鎳業公司（Nornickel）。

　　廢料或回收是鉑金的另一個供給來源，其價格呈逐步上行趨勢，而高價通常也會鼓勵回收。然而二〇一九年，卻因為價格的上漲而出現了供給瓶頸。廢料商通常使用現金支付，然而價格高的時候，就需要另外融資。而汽車銷量及產量的雙雙下降，以及加工設備的暫時關閉，導致回收率在二〇二〇年下降。雖然汽車

表2.20／鉑金供給

	二〇一〇年		二〇一九年	
	千盎司	總數的%	千盎司	總數的%
南非	4,635	76.6	4,398	72.9
俄羅斯	825	13.6	721	12.0
辛巴威	280	4.6	451	7.5
北美	200	3.3	324	5.4
其他	110	1.8	139	2.3
總礦區供給	6,050		6,033	
回收供給	1,830		2,161	
總供給	7,880		8,194	

資料來源：強納生馬賽公司

產業在中國的復甦很快，但中國市場是相對小的廢料供給來源。

鉑金的市場

鉑金是在NYMEX和倫敦鉑金及鈀金市場（London Platinum and Palladium Market）交易。紐約商業交易所（New York Mercantile Exchange，簡稱NYMEX）也有鉑金期貨合約可供交易。一如其他貴金屬，投資人可以購買鉑金條塊和鉑金幣，另外，二〇〇七年時，一檔以鉑金現貨擔保的ETF在歐洲成立，並於倫敦股票交易所掛牌。

價格趨勢

在整個二〇〇〇年代，由於工業部門的現貨需求強烈（因全

球經濟維持繁榮）及投資人購買意願明顯上升（新產品如ETF的誕生促進了投資意願），鉑金價格遂大幅上揚，它從二〇〇〇年初每盎司約僅433美元，上漲到二〇〇八年六月每盎司2,100美元高峰，接下來，全球金融危機導致價格大幅崩落。鉑金市場的規模很小——至少相對黃金而言——所以它尤其容易受投資人信心衰減或流動性問題傷害。

圖2.10／黃金及鉑金價格（二〇一五年一月一日＝100）

資料來源：路孚特

　　自二〇一二年以來，鉑金價格持續下跌，至少到二〇一九年底開始反彈之前都是如此。在投資人的避險需求及低供給量的背景之下，鉑金價格最終得以在二〇二〇年上漲2.3％。一般人會以相對黃金價格的關係來看待鉑金價格的高低（見圖2.10）。二〇一一年時，鉑金開始以不尋常的折價交易，但自二〇一五年開始，這已經成為常態。

未來展望

- 一如所有貴金屬，近幾年來，鉑金愈來愈容易受投資人信心影響，因為投資人需求占現貨鉑金消費量的比例持續提高，而這將使得價格波動性進一步上升。
- 起伏不定的價格會對礦業公司造成非常高的不確定性，因為開發一個礦區要花很多年的時間，而且資金成本也很高。
- 採礦作業集中在少數幾個國家，因此這項金屬的供給容易受礦區生產中斷影響。
- 汽車產業的發展攸關鉑金的未來，然而前景並不樂觀。歐洲某些較輕的柴油動力車漸漸以鈀金取代鉑金的使用，而更大的風險在於，汽車產業轉向鉑金含量極少的電動車。不過，鉑金也在氫燃料電池驅動的汽車中，作為化學催化劑使用。
- 更廣泛來說，在努力以更環保的方式處理化學物質的過程中，鉑金在化學產業愈來愈常作為催化劑使用。

鈀金

　　鈀金是一種罕見的銀白色金屬。它的很多特性和其他貴金屬相同：延展性及可塑性佳，傳導性良好，低熔點，而且可回收。另外，鈀金也完全抗腐蝕。然而，鈀金是貴金屬中最軟的一種，特別適合用來製作精美的裝飾品。我們通常可以在鉑金及其他貴金屬——包括黃金——的砂礦礦床裡採集到鈀金，另外，在採鎳礦時，也可能順帶開採到鈀金。

消費及用途

　　鈀金的主要用途是汽油動力車的觸媒，大約占二〇一九年全球總消費量的近85％（見表2.21），自二〇一五年以來，作為汽油動力車觸媒的需求占平均消費量的85％，而二〇〇五年僅為46％。不斷收緊的排放法規要求，使汽車中的鈀金含量愈來愈高。此外，它也用在化學產業、牙醫業、電力零組件和珠寶，但珠寶需求已長期下降。另外，有些人基於投資目的而買賣鈀金，然而規模比其他貴金屬小。

　　二〇一〇年至二〇一九年間，鈀金年度消費量的平均成長率約為4.5％，二〇一九年的成長尤其強勁，達到10.8％。儘管整體汽車產業下滑，但二〇一九年汽車觸媒的需求強勁，反映出每輛車的鈀金需求量提高。中國在二〇一九年推出更嚴格的汽車排放標準（國六），歐洲也推行了更嚴謹的測試制度（Euro-6d TEMP）。（福斯汽車廢氣排放醜聞發生後，歐洲車商謹慎行事，

為避免短缺被查獲，砸重本超量使用鉑金與鈀金。）然而，在二
〇二〇年，由於疫情導致的封城措施，使汽車的生產與銷售大幅
衰退，鈀金的需求也隨之下降。

表2.21／各產業的鈀金消費量

	二〇一〇年		二〇一九年	
	千盎司	總數的%	千盎司	總數的%
汽車觸媒	5,580	57.3	9,635	84.2
電子	1,410	14.5	729	6.4
化學	370	3.8	545	4.8
牙醫	595	6.1	313	2.7
珠寶	595	6.1	135	1.2
其他	90	0.9	177	1.5
投資	1,095	11.2	-87	-0.8
合計	9,735		11,447	

資料來源：強納生馬賽公司

產量

已知的鈀金礦藏分布在南非、俄羅斯和北美。俄羅斯是最大
的供應國，約占二〇一九年全球總供給量的47%，數量略低於
300萬盎司；南非是第二大供應國，二〇一九年的產量約263萬
盎司（見表2.22）。北美的供應量持續增加，是重要的供給來
源，而辛巴威的鈀金產量也開始增加。然而，年度供給量數字有
時會因俄羅斯策略性出售蘇聯時期累積的庫存而遭到扭曲，但俄
羅斯的儲備現在基本上已經耗盡。鈀金市場的其他供給來源包括
廢鈀金，或是投資人賣出以現貨鈀金做擔保的ETF部位。

近年來，在高價的刺激之下，鈀金的供給已經回升。然而，由於疫情導致的封城，南非的礦區產量在二○二○年有所下降。相比之下，俄羅斯的礦區主要位於相對偏遠的地區，而沒有受到影響。

鈀金的主要礦業公司包括英美鉑金公司、英帕拉鉑金公司、諾瑟姆鈀金公司和南非的西班伊靜水公司，俄羅斯的諾里爾斯克鎳業公司。較小型的業者包括加拿大的北美鈀金公司（North American Palladium）以及巴西的淡水河谷公司（Vale，在加拿大也有業務）。

表2.22／主要鈀金生產國

	二○一○年		二○一九年	
	千盎司	總數的%	千盎司	總數的%
俄羅斯	2,720	37.0	2,987	42.3
庫存銷售	1,000	13.6	0	0.0
南非	2,640	35.9	2,626	37.1
北美洲	590	8.0	954	13.5
辛巴威	220	3.0	379	5.4
其他	185	2.5	123	1.7
合計礦區產量	7,355		7,069	
回收	1,850		3,428	
合計	9,205		10,497	

資料來源：強納生馬賽公司

鈀金的市場

鈀金在NYMEX和倫敦鉑金及鈀金市場都有交易。NYMEX

也有鈀金期貨合約，此外，在倫敦、約翰尼斯堡、東京和紐約的
證券交易所都能交易鈀金ETF。

價格趨勢

　　鉑金和鈀金價格通常因為需求與供給的相似性（汽車觸媒）
而呈現同向波動，而且是隨著其他工業用金屬上漲或下跌，這和
其他貴金屬如黃金和白銀的情況不同。有時候，鈀金價格會比鉑
金貴（最近一次出現這種狀況，是在二〇〇一年時），但在整個
二〇〇〇年代後續期間，因為鉑金價格大幅上漲（主要是因投資
需求增加所致）而逆轉。

　　然而，由於汽車觸媒需求激增，以及柴油車在全球汽車產量
中的占比不斷減少，使鈀金重新受到青睞。其價格在二〇一七年
飆升，並超過鉑金價格（見圖2.11）。鈀金價格在二〇一九年期

圖2.11／鈀金與鉑金價格（二〇一五年一月一日＝100）

資料來源：路孚特

間反覆達到歷史高峰。鈀金市場自二〇〇九年以來一直處於虧損狀態，一般認為庫存極低（欠缺透明度）。然而，二〇二〇年的需求暴跌，表示市場供需接近平衡狀態。不過，由於鈀金在下半年也加入了中國主導的工業金屬價格反彈，二〇二〇年的價格依舊上漲了42％。

未來展望

- 全球普遍向更嚴格的汽車排放標準方向前進，這趨勢應該能支撐二〇二一至二四年的鈀金需求。
- 二〇一七至一九年的價格飆升過後，鈀金很可能會被取而代之。在牙科領域，就出現鈀金使用量急劇下降的情況。
- 礦區供給的高度集中特性，表示供給面也存在變數，但與鉑金相比，對南非供給的依賴程度較低（南非的生產可能是不穩定的，因為勞工議題衍生的騷亂以及電力供應問題的發生率高）。
- 中期看來，電動車（不需要汽車觸媒）的市占率提高，可能導致鈀金需求崩跌。

［鉛］

鉛是一種藍白色金屬，不過，一旦暴露在空氣中，它便會變灰色，形成惰性的氧化鉛。鉛具備很多實用的特性，尤其值得一提的是，它高度抗腐蝕，而且延展性佳，還能輕易熔化與結合。高密度及延展性，使鉛成為有效的隔音材料。此外，氧化鉛的絕緣特性，可用於當作防導電及輻射屏蔽等用途。儘管也有許多其他金屬有類似或更強的性質，但儲量或取得的容易度卻不如鉛。

然而，由於世人愈來愈了解鉛對人體及環境的毒性，所以鉛的消費型態也開始出現轉變。最初且最顯著的改變是發生在一九八〇年代，鉛被漸進式地從汽車燃料中移除。基於相同的原因，鉛原本在塗料、焊劑及軍需品上的用量也漸漸減少。

採集、加工及礦藏

鉛通常存在於白銀、鋅和／或銅礦砂裡，所以，一般都是和這些金屬同時開採。只有5％的礦區產出來自於純鉛礦。鉛礦的地理位置集中在中國、澳洲、俄羅斯和美洲國家，不過，其礦床卻散布在全球各地。透過提煉的過程，就可以輕易從硫化及氧化礦砂中還原鉛，這解釋了為什麼鉛已被使用數千年。二〇一九年，大約50％的精煉鉛來自次級來源，尤其是回收業。

相較於其他金屬和碳氫化合物，鉛的礦藏其實非常豐富。美國地質調查局估計，已知礦藏量為9萬噸，不過，近幾年很多鉛礦床隨著白銀、銅和鋅礦藏而被發現。根據美國地質調查局的估計，可辨識的全球礦藏量約20億噸，高於二○一○年預估的15億噸。

產品及用途

這項金屬的工業用途非常廣泛，尤其是在運輸、建築和電子產品。在電線電纜護套、導管和板材的應用上，都是使用純鉛，而非鉛合金。另外，其他某些應用則是採用鉛合金（最重要的是電池鉛板的應用），而各種鉛化合物裡，如電池及顏料裡的鉛氧化糊劑等，也會使用到鉛。

然而，在電線電纜護套、導管和板材等產品的應用上，鉛一直面臨塑膠和鋁的競爭。不過，鉛在電池製造用途方面的成長，抵銷了替代物在上述幾個市場鉛用量可能減少的衝擊。根據國際鉛及鋅研究組織（International Lead and Zinc Study Group，簡稱ILZSG）的分析，目前電池製造業的用鉛量大約占全球鉛總消費量的80％，一九六○年代時，這項用途只占總消費量的30％。

啟動、照明、點火（starter-lighting-ignition ，簡稱SLI）電池主要用在動力汽車，大約占鉛蓄電用途的80％。這部分的成長主要是受汽車原始設備製造商（original-equipment manufacturer，簡稱OEM）電池的需求驅動，不過，驅動鉛需求的核心因素是替換電池，因為新車只占整個電池市場的15％至20％。就這部分而言，需求則是隨著現有汽車存量而成長（而非新汽車產量）。因

此，鉛的消費比起大多數金屬的需求更具季節性。需求往往在北半球的冬季月分強勁成長，反映出替換電池的需求量變大。這也表示，鉛的需求比起其他金屬，與全球經濟活動趨勢的關聯性更弱。

以大量生產的汽車來說，目前並沒有技術或商業上可行的替代產品能取代SLI電池，另外，隨著汽車裡的電子應用增加，更讓電池的需求持續上升。電動腳踏車降低騎腳踏車出門的難度，作為汽車的替代品更降低了廢氣排放，在中國及歐洲變得流行，特別是在已有大輛單車基礎設施的歐盟。然而，鉛酸電池迅速被鋰離子電池取代，因此電動腳踏車的銷售不太可能在未來繼續成為鉛需求的成長來源。

消費與貿易
區域趨勢

在截至二〇一九年的十年間，全球鉛的消費量上升了40％（見表2.23）。亞洲消費占全球總消費量的比例繼續上升，儘管速度已經比世紀初時放緩。（亞洲消費占比從二〇〇〇年的31％上升至二〇一〇年的61％，到二〇一九年為66％。）美國及歐盟合計市場占有率從二〇一〇年大約32％，下滑到二〇一九年只剩27％。

儘管中國的鉛消費量成長已經放緩，但在二〇〇九年至一九年間，中國仍占全球總消費量成長的55％。中國消費鉛的驅動力，主要是因為國內的汽車生產快速成長（二〇一八年占全球汽車產量30％）。中國的汽車產量隨後在二〇一九年下降，部分原

表2.23／主要精煉鉛消費國*

	二〇〇〇年		二〇一〇年		二〇一九年	
	千噸	總數的%	千噸	總數的%	千噸	總數的%
中國	660	10.2	4,171	42.6	5,915	45.7
歐盟	1,883	29.0	1,539	15.7	1,779	13.7
美國	1,660	25.6	1,430	14.6	1,637	12.6
南韓	309	4.8	382	3.9	623	4.8
印度	56	0.9	420	4.3	610	4.7
墨西哥	288	4.4	201	2.1	330	2.5
日本	343	5.3	224	2.3	252	1.9
巴西	155	2.4	201	2.1	243	1.9
土耳其	56	0.9	112	1.1	176	1.4
其他	1,081	16.7	1,110	11.3	1,377	10.6
合計	6,491		9,790		12,942	

＊初級和次級鉛消費，不包含重熔的部分。
資料來源：世界金屬統計局

因是購車減稅政策的終結及電動車某些補貼的取消，但更全面的經濟成長放緩也是原因。然而，由於替換電池的穩步成長，二〇一九年中國的鉛消費量也仍成長。儘管如此，鉛的需求面面臨貿易方式更嚴格的挑戰，特別是遏制廢鋼進口的措施（這阻礙了鉛的生產）。此外，政府對鉛酸電池生產商徵收4％的消費稅，並鼓勵在電動腳踏車與通訊產品中使用非鉛酸電池。

貿易

中國崛起為主要的礦區及精煉鉛產出供給來源後，世界鉛精礦的貿易因此降低，歐洲地區的冶煉產能也大幅減少。目前，透

過國際貿易買賣的精煉鉛產量占全球總產量的比例已不到14％（二〇一九年），相較於其他金屬，鉛的這項比例偏低，這多半是次級鉛產業的重要性提升所致，而這類產業多半是為在地市場提供服務。不過，歐洲內部的精煉鉛（還有鉛精礦）貿易活動還是舉足輕重，另外，北美內部的雙向貿易也很重要。

　　中國歷來是最大的精煉鉛出口國，但現在期出口量通常很小，還常成為鉛的淨進口國。近年來，南韓是精煉鉛的最大出口國，反映了其儘管礦區產量有限，卻擁有世界上第三大的鉛冶煉能力（見表2.24）。美國也是主要進口國之一，也許這反映的是其國內只有次級生產的事實。

表2.24／主要出口及進口國，二〇一九年

	出口			進口	
	千噸	總數的%		千噸	總數的%
南韓	291	17.0	美國	479	22.7
加拿大	185	10.8	德國	161	7.6
比利時	147	8.6	中國	124	5.9
墨西哥	121	7.1	土耳其	121	5.7
澳洲	117	6.9	印度	113	5.4

資料來源：世界金屬統計局

產量及庫存
礦區產量

　　鉛的礦區產量高度集中。二〇一九年時，光是五個國家——中國、秘魯、墨西哥、美國和澳洲——就占了全球總產出的73％，其中，中國的占比高達47％（見表2.25）。在經歷了二〇

一四至一七年的停滯後，二〇一八至一九年間，礦區產出以年均7.4％的強勁速度成長，成長動能主要來自澳洲、印度和中國產量的提高。印度最大的生產商印度斯坦鋅業（Hindustan Zinc）正致力於擴大礦區產量，其中包括大型的拉姆普拉阿古剎（Rampura Agucha）礦區。其他地方，像是南非的甘斯堡（Gamsberg）礦區、葡萄牙的尼維斯柯爾佛（Neves-Corvo）礦區和澳洲的兩個礦區——杜加爾河（Dugald River）及新世紀（New Century）——都在提高產量。然而，二〇二〇年因疫情相關的封城措施打亂了世界各地礦區的節奏，特別是上半年，年度供給量估計下降了4.5％左右。

表2.25／鉛礦區產量

	二〇〇〇年		二〇一〇年		二〇一九年	
	千噸	總數的%	千噸	總數的%	千噸	總數的%
中國	660	21.4	1,981	45.4	2,405	46.7
澳洲	678	22.0	711	16.3	510	9.9
秘魯	271	8.8	262	6.0	308	6.0
美國	447	14.5	356	8.2	274	5.3
墨西哥	138	4.5	192	4.4	259	5.0
俄羅斯	13	0.4	97	2.2	220	4.3
歐盟	321	10.4	181	4.1	218	4.2
印度	38	1.2	89	2.0	201	3.9
玻利維亞	10	0.3	73	1.7	88	1.7
其他	504	16.4	426	9.7	662	12.9
合計	3,080		4,368		5,145	

資料來源：世界金屬統計局

　　在初級（採礦）階段，鉛和鋅通常都是同一家公司生產的，儘管新礦區的鋅等級通常會高於鉛的等級。現在有很多新鋅礦是銅－鋅礦，而不是傳統的鉛－鋅－銀礦床。近年來開發的唯一大型初級鉛礦是位於澳洲西部的麥哲倫礦區（Magellan mine），不過開發過程也幾經波折，二〇一五年由於環保疑慮被關閉（礦體為碳酸鉛，毒性大且運輸難度高），二〇二〇年四月，這座年產8萬5000噸的礦區才又再度開啟。

　　在美國和澳洲，採礦作業大致上都和冶煉製程整合在一起。然而，歐洲、日本、南韓和近幾年的中國，則有非常大的專業冶煉產業，其主要業務是進口鉛精礦（尤其是來自澳洲、加拿大和拉丁美洲）後加以精煉，或從事次級生產。

精煉產量及冶煉產能

　　與二〇〇〇至一〇年的快速成長相比，全球精煉鉛的產量在過去十年間成長緩慢。中國在精煉鉛生產方面鞏固了其全球領頭羊的地位，二〇一九年占全球產量的46％，而二〇一〇年才為42％（見表2.26）。次級生產的鉛、庫存的鉛以及國內礦區的產出都被送往精煉廠。

　　跟礦區供給相似，在亞洲煉油企業的帶動下，全球的精煉鉛產量近年來也有所成長。儘管沒有生產鉛，但南韓已經成為世界第三大的精煉鉛生產國，而且現在是個出口國。韓國鋅業（Korea Zinc）的溫山精煉廠（Onsan refinery）是世界上最大的鋅與鉛的精煉廠，鉛精礦則主要從美國、澳洲和拉丁美洲進口。同時，秘魯在將所有權轉讓給工人後，重新開啟拉奧羅亞精煉廠；

表2.26／主要精煉鉛生產國*

	二〇〇〇年		二〇一〇年		二〇一九年	
	千噸	總數的%	千噸	總數的%	千噸	總數的%
中國	1,100	16.4	4,157	42.3	5,797	45.9
歐盟	1,784	26.6	1,628	16.6	1,733	13.7
美國	1,431	21.4	1,255	12.8	1,170	9.3
南韓	222	3.3	321	3.3	813	6.4
印度	57	0.9	366	3.7	645	5.1
墨西哥	332	5.0	270	2.7	447	3.5
加拿大	284	4.2	273	2.8	260	2.1
日本	312	4.7	267	2.7	237	1.9
巴西	86	1.3	115	1.2	195	1.5
俄羅斯	50	0.7	96	1.0	190	1.5
其他	1,042	15.6	1,071	10.9	1,143	9.1
合計	6,700		9,819		12,630	

＊初級和次級精煉產出，不包含重熔的部分。
資料來源：世界金屬統計局

該廠在二〇〇九年因為有毒的汙染事件而關閉。

　　近幾年來，中國啟動了一波波關閉及整併鉛精煉產業的行動，部分目的是為了減輕汙染與提高效率。汙染一直是其國內爭議不斷的議題，二〇一七年推出了進一步的方針，限制次級冶煉廠與住宅區相隔的距離。而大致上來說，中國的新產能是根據新的規格建造，能在高環保標準下運轉，不僅僅只是取代政府計畫關閉的舊產能而已。

　　除了中國以外，主要的鉛生產企業為嘉能可公司（瑞士／英國）、道朗公司（Doe Run，美國）、印度斯坦鋅業（印度）和泰克資源公司（Teck，加拿大）。

　　目前鉛回收（主要來自汽車電池）對整體產量的貢獻度相當大，尤其是在沒有鉛礦的國家；二○一九年時，次級生產占精煉鉛總產量約略一半。西歐和美國的次級生產量這麼高的另一個原因是，當地的初級冶煉作業廠基於經濟及環保理由而關閉。因此，次級生產的地理位置較分散。儘管中國、美國和印度——它們皆有礦區產量及精煉產量——也主導著次級生產，但程度相對較輕。

　　自從二○一三年，美國最後一家初級精煉廠關閉以來，美國只剩次級的精煉廠。精煉過程會將有毒汙染物排放到大氣中，二○○八年美國環保署頒布了更嚴格的環保法規後，最後一家初級冶煉廠便走向終結。這也就是說，在二○一九年仍是世界第四大生產國的美國，得將在其國內開採的鉛送往海外精煉。

　　在美國以外的地區，次級生產商比初級生產商的家數多且規模較小，地理位置也較分散。它們的營運多半為本地市場導向，而且比較靠近最終使用者（最終使用者也是廢鉛的主要來源），但很多回收廠的年產能不到 2 萬 5000 噸。中國的次級產量持續增加，但相較於西方經濟體，其次級產量占精煉鉛總產出的比率依舊較低。二○一九年時，中國的次級產量約占其總精煉產量的43％。儘管如此，在二○一八至一九年，次級生產在全球產出的占比因為價格回升以及礦區產量大幅增加，而有所下降。如果環境壓力繼續推著電池技術的發展，中國的鉛產量可能會增加，從而阻礙次級生產的發展。此外，過去幾年，中國推出一系列針對進口廢金屬（以減少外國廢棄物在中國加工的措施之一）的新規定，其中也包括鉛，這可能會限制次級生產的產量。然而，二○二○年，在中國精煉廠商和鋼鐵製造業的施壓下，對廢金屬的部

分限制便取消了。

鉛的市場

　　鉛精礦的貿易是以粗煉加工費（treatment charges）為基礎，這項安排的目的是要讓採礦業者和冶煉業者共同分攤鉛的價格。鉛精礦主要是依照年度合約的基礎來交易，合約價通常是在每年的第一季敲定。從鉛精礦的議價結果就可看出鉛精礦礦區供給和冶煉需求之間是否平衡，粗煉加工費愈低，對採礦公司愈有利，但高粗煉加工費則對冶煉業者有利。合約的設定是根據基本價格加上一些調整項目，所謂調整項目是將倫敦金屬交易所的鉛價變動列入考慮。

　　很長一段時間以來，LME是鉛的唯一期貨市場，但現在在上海期貨交易所也有期貨合約。這兩個交易所的價格往往會相互跟隨，但有時也會不同步。二〇二〇年，由於中國的經濟表現明顯優於西方經濟體，上海的鉛價出現溢價。這鼓勵了對中國的進口，但中國本地的供給量提升，表示中國的價格會開始下降，兩邊價格之間的差距會縮小。

　　LME合約詳細說明其交貨規格是最低純度99.97％的純精煉鉛。然而，LME的品質規格並不符合產業界的要求，特別是電池製造商，它們必須使用99.985％以上純度的鉛，才能生產出高品質的合金板柵。西歐及亞洲國家生產商的報價遠高於LME的價格，部分就是反映這個品質上的差異。

價格趨勢

　　自二〇一八年以來，鉛價持續下跌，市場情緒擔憂中國經濟以及汽車產量的下滑（見圖2.12）。儘管交易所庫存持續下降（這通常對價格是個利多訊號），但價格還是下跌。此外，儘管大多數電動車都還裝有某種形式的鉛酸電池（雖然是較小型的電池），但隨著燃油車逐步走向歷史，對鉛酸電池的需求也可能會消失。然而，二〇二〇年的新冠疫情，（至少暫時地）改變了鉛的命運。儘管汽車產量大幅下降，但鉛的供應鏈嚴重中斷，推高了價格。與此同時，在財政刺激的推動下中國經濟迅速復甦，下半年刺激了經濟成長。總之，鉛價在經濟不景氣時的彈性很大，這是因為很大量的電池消費占比來自替代電池。

圖2.12／鉛庫存與價格

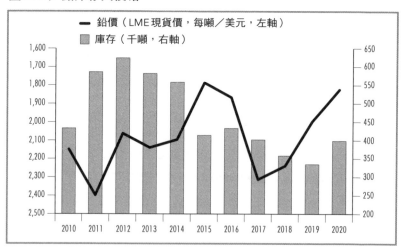

　　鉛市場表現比其他金屬更強勁的原因之一是，鉛的次級市場

趨勢對價格的影響力較大。低鉛價通常會導致次級鉛（廢鉛）供給降低，這將進一步促使整體精煉鉛的供給量減少，進而讓市場均衡再度趨向緊縮。而當鉛價走高時，就會出現相反的情況。所以，鉛的次級市場就像是整體鉛市場的壓力閥。

未來展望

- 短期來說，因為要達到控制溫室氣體排放的目標，汽車產業和儲能的相關需求蓬勃，尤其是在獨立電網的再生能源系統中，而電動腳踏車和短程的電動汽車也愈來愈受歡迎。肯定的是，隨著再生能源發電及相應的儲電裝置更加普及，以及純電動車銷量的增加，精煉鉛需求的成長應可預見。

- 全球汽車數量還有很大的成長空間，因為多數新興國家的人均擁車數還很低。舉個例子，目前中國大約每五個公民有一輛車（二○二○年），美國則是每一點二個公民就擁有一輛車。然而，中國正在大量投資公共交通的作為，表示中國城市的汽車消費量會漸趨穩定。二○一八年，有60％的中國人住在城市裡。

- 電池技術的持續投資相當可觀，這會影響鉛的需求。未來可能開發出可以替代鉛蓄電池在內燃機裡的電池，而相對環境友善的鋰鐵電池也可能有進一步的技術突破。

- 中國為降低汙染和減少高耗能的種種作為，可能對其國內採礦及冶煉產業造成衝擊，起碼會導致成本上升。因此，由於生產鉛也會導致諸如環境汙染等負面影響，這種擔憂可能使得鉛的供給在未來幾年有所受限。

［鎳］

　　鎳是一種銀白色的金屬，可以高度拋光。是地殼裡第五常見的元素。它很堅硬，但還是具加工性能，而且抗腐蝕、可以被磁化。這些特性讓它成為製作沃斯田鐵系（austenitic stainless stells，以鐵為基礎）不鏽鋼及其他特殊鋼或超級合金時的主要選擇。

採集、加工及礦藏

　　鎳要不是存在於硫化鎳礦床（加拿大），就是在紅土礦床（印尼、菲律賓），而礦床的性質決定了冶煉的方式。就硫化鎳而言，氧氣跟礦石中的鐵和硫發生反應，產生冶煉所需的一些熱量。紅土或氧化鎳礦的話，就不會發生這種放熱反應，需要從其他來源取得更多能量。可藉由冶煉（在高爐內加熱）的方式從它的礦砂中萃取出來，冶煉後所產生的鎳鐵（ferronickel），可以直接供鋼鐵製造商使用。另外，也可以再用電解（electrolysis，以電流將礦砂分解為各種不同成分）的方式來萃取鎳。有一小部分的鎳供給是藉由酸滲濾（acid leaching）的方式從礦砂裡取得。

　　二〇〇六年至〇七年間，鎳價的飆漲促使中國的不鏽鋼生產者開發了一種稱為鎳生鐵（nickel pig iron）的低成本投入原料，這是使用低等級（且較廉價）的鎳礦砂製成。它們用製鐵的高爐

將低等級鎳精礦和鐵及鉻礦砂混合在一起冶煉。中國的鎳生鐵產能大幅擴張，在全球鎳產量的占比從二〇〇六年的2％上升到二〇一八年的30％。儘管原料很便宜，但這種不鏽鋼的品質很差。

　　已知的鎳礦藏非常豐富，而且地理分布非常廣，不過印尼跟澳洲就占了其中約45％（見圖2.13）。據估計，鎳資源的數量至少是已知儲量的兩倍，但是目前（開採這些資源）並不符合經濟效益。

圖2.13／鎳礦藏，二〇一九年

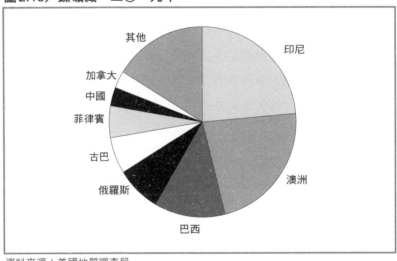

資料來源：美國地質調查局

產品及用途

　　沃斯田鐵系不鏽鋼的製造大約占全球鎳總消費量的三分之二。沃斯田鐵系鋼的鎳成分可達到10％以上，不過，最常見的合金只含有8％的鎳，較低等級的產品甚至只使用6％。鎳可以抵銷

鉻會讓金屬變脆的影響，因此能提升加工性能（workability），但同時又能維持甚至強化抗腐蝕的功能。鎳會少量被用來加強工具鋼（tool steels）的硬度，也會用於部分不完全抗腐蝕的高強度鋼鐵（high-strength steel）。

鎳也是部分特殊高效能合金的重要成分之一，包括超級合金（這些合金是指鐵成分不到50％的類鋼鐵）及非鐵合金，如銅鎳合金（譯注：又稱白銅），銅鎳合金常用來製幣。很多超級合金最初是為了太空和航太引擎產業而開發。純鎳或近純鎳偶爾也有用途，其中最重要的是用於電鍍，為其他塗層（尤其是鉻）提供基底，有時候也會直接用於最終表面處理。現在，鎳的電鍍用途變得愈來愈普遍，常被廣泛應用在很多基礎工業產品及先進科技產品上。化學產業也拿鎳來當作觸媒，而且鎳被用在可攜式電子設備電池的情況也愈來愈普遍。

消費與貿易
區域趨勢

過去二十年，最顯著的發展是中國的鎳消費量因不鏽鋼產能快速膨脹而增加。表面上看起來，開出新產能的目的是要讓中國擁有自給自足的能力，讓國內的產業能取得足夠供給，尤其是家電用品如洗衣機和洗碗機等製造業。但到最後，中國很多新生產線卻進一步在亞洲市場取得非常高的市占率，因為這些生產線都是中國和國際上基礎雄厚的企業——尤其是日本和南韓廠商——合資成立。面臨中國相關的競爭，其他國家——尤其是歐盟——的生產對手不得不減產因應。中國的鎳消費占二〇一九年世界總

消費量的53.5％（見表2.27），整個亞洲地區目前占約80％，高於二〇〇〇年的42％。印尼已成為全球第三大不鏽鋼消費國，主要是因為青山集團（中國）在蘇拉威西島啟動了不鏽鋼產能。

表2.27／主要鎳消費國

	二〇〇〇年		二〇一〇年		二〇一九年	
	千噸	總數的％	千噸	總數的％	千噸	總數的％
中國	58	5.0	489	34.3	1,304	53.5
歐盟	400	34.8	334	23.4	309	12.7
印尼	1	0.1	1	0.1	189	7.8
日本	192	16.7	177	12.4	155	6.4
南韓	91	7.9	101	7.1	116	4.8
美國	153	13.3	119	8.3	106	4.3
台灣	106	9.2	73	5.1	84	3.4
其他	149	13.0	132	9.3	174	7.1
合計	1,150		1,426		2,437	

資料來源：世界金屬統計局

歐盟是世界上第二大鎳消費地區，約占二〇一九年全球總消費量的13％。然而，歐盟消費量占全球消費的比例是從二〇〇二年的高峰一路下滑，當年的占比高達40％，到了二〇〇八年至〇九年經濟衰退期，由於大量的鋼鐵產能停產，所以歐盟的鎳消費量占比更是劇烈下降。儘管在二〇一〇至一九年期間，歐盟的鎳消費量幾乎維持不變，但其他地區的穩定成長卻讓其占比大幅下降。二〇二〇年由於發現人為因素的低價銷售狀況，歐盟對從中國、台灣和印尼進口的不鏽鋼課徵反傾銷關稅 。

美國大約占二〇一九年世界總消費量的4％，但這個市場特

別有趣，因為美國的鎳消費量中，有非常高的比重（約15%）是由超級合金及非鐵合金製造商所消耗，而非不鏽鋼產業。

貿易

加拿大和俄羅斯是世界排名前兩大的精煉鎳出口國（見表2.28）。中國在二○○七年取代美國成為最大進口國，二○一九年的進口量更比美國進口量多一倍以上。二○一八年三月，應美國前總統川普的要求，對美國進口的鋼鐵實施了「二三二條款」配額及關稅，導致不鏽鋼進口量下降。然而，這並沒有導致其國內鎳消費量的成長，或許是因為歐盟、日本及其他貿易夥伴也對美國的不鏽鋼出口徵收報復性關稅的緣故。

表2.28／主要出口國*及進口國，二○一九年

	出口			進口	
	千噸	總數的%		千噸	總數的%
俄羅斯	134	27.8	中國	193	28.1
加拿大	111	22.9	美國	93	13.5
挪威	92	19.1	德國	59	8.6
芬蘭	39	8.1	日本	47	6.8
中國	37	7.7	台灣	37	5.4
英國	17	3.6	南韓	33	4.9

*出口精煉金屬，但不包括鎳鐵及鎳粉。
資料來源：世界金屬統計局

近年來，隨著（主要是）中國公司在印尼建造鎳冶煉廠，印尼對中國的鎳出口（未包括在表2.28上）飆升。印尼在二○一四

至一七年期間禁止出口鎳礦，並從二○二○年一月一日起再次以增進國內產值為由，禁止鎳礦的出口。

產量及庫存
礦區產量

印尼是世界上最大的鎳礦生產國，也是主要出口國，直到二○一四至一七年和二○二○年禁止出口。禁令的目的是為了振興國內冶煉產業，在這方面，算是收到不錯的成效。

菲律賓群島的南部島嶼擁有非常豐富的鎳砂礦床，二○○○年至一○年的高額投資，讓當地產出從二○○○年的 1 萬 7000 噸激增到二○一九年的 34 萬 1000 噸，菲律賓現在是世界上第二大的生產國（見表 2.29）。

表2.29／主要生產國

	二○○○年		二○一○年		二○一九年	
	千噸	總數的%	千噸	總數的%	千噸	總數的%
印尼	117	9.8	216	14.2	918	35.4
菲律賓	17	1.4	319	21.0	341	13.1
俄羅斯	266	22.3	274	18.1	226	8.7
新喀里多尼亞	129	10.8	130	8.6	210	8.1
加拿大	191	16.0	160	10.5	187	7.2
澳洲	170	14.3	168	11.1	159	6.1
中國	51	4.3	80	5.3	105	4.0
其他	250	21.0	171	11.3	448	17.3
合計	1,191		1,518		2,594	

資料來源：世界金屬統計局

　　歷來，俄羅斯在鎳的礦區產量方面占有舉足輕重的地位，其產量通常占全球產出的20％左右。然而蘇聯的瓦解及隨後的混亂情勢讓該國的鎳產出下降，後來雖然有所回升，但仍未回到一九八九年以前每年30萬噸以上的巔峰狀態。

　　加拿大是另一個重要的鎳礦來源，它出口高比重的鎳冰銅（來自冶煉廠，是冶煉中間階段的產物）和部分鎳精礦，以便到海外進行精煉業務，所以加拿大的精煉鎳產量占比反而是降低的。加拿大的產量主要由巴西的淡水河谷公司和瑞士的嘉能可公司主導。

　　澳洲的礦區產出迅速擴張，二〇〇八年便達到20萬噸，不過那一年稍晚，價格的崩跌迫使某些高成本礦區暫停作業。然而隨著鎳價回升以及必和必拓（英國／澳洲）成為主要生產商，產量漸漸回升。

　　位於澳洲東部的新喀里多尼亞（法屬）的礦區生產歷來並不穩定。它的產量在一九九七年達到高峰13萬6500噸，但後來便大幅下滑。從那時開始，大量的投資（尤其是淡水河谷公司在高羅〔Goro〕和嘉能可公司在康尼安伯〔Koniambo〕的投資）讓產出明顯提升。鎳價低迷時，外界對當地礦區的生存能力產生疑慮。二〇二〇年，淡水河谷公司宣布計畫在二〇二一年對高羅進行「照料及維護」，但談判仍在進行中。

精煉及次級供給

　　中國是精煉鎳的主要生產國，但其在全球產量中的占比低於許多其他金屬，可能反映其生產大量低品質的鎳生鐵（而非精煉

鎳），而且由於中國的鎳礦床分布在極難開採的地理區域，所以國內礦區供給量相對有限（見表2.30）。

表2.30／精煉鎳的主要生產國

	2000		2010		2019	
	千噸	總數的%	千噸	總數的%	千噸	總數的%
中國	52	4.7	314	21.9	852	35.4
印尼	0	0.0	19	1.3	361	15.0
俄羅斯	242	21.8	263	18.3	154	6.4
日本	161	14.5	166	11.6	183	7.6
加拿大	134	12.1	105	7.3	125	5.2
歐盟	122	11.0	160	11.1	187	7.8
澳洲	112	10.1	102	7.1	106	4.4
挪威	59	5.3	92	6.4	92	3.8
其他	228	20.5	216	15.0	348	14.5
計合	1,110		1,437		2,408	

資料來源：世界金屬統計局

鋼鐵製造商最偏好的原鎳原料是鎳鐵，不過它們也有很大一部分的鎳需求是靠廢鎳（次級鎳）滿足，換言之，它們會同時使用鎳鐵和廢鎳。廢鎳多半都是含鎳的鋼，尤其是中間鋼鐵產品和半成品的下腳料（又稱「新廢料」）。

廢鎳是原鎳的替代品，所以廢鎳供給量會導致原鎳需求的波動性加大。下腳料的可取得性取決於前一段時間的煉鋼廠產出量及金屬加工廠的生產能力。當銷售量減少導致金屬加工廠的作業活動降低——進而使得不鏽鋼的產出減少——下腳料供給量（來自先前較高水準的作業活動）相對鎳的需求量就會比較高。而當

經濟漸漸走出衰退，加工作業及不鏽鋼廠的產出上升，下腳料供給量相對需求量就會較低。

　　發達經濟體通常產生的廢鎳（下腳料）噸數非常多，也因如此，估計它們的鋼鐵製造業使用的廢鎳百分比較高。新興鋼鐵生產國（如中國）往往缺乏廢鎳。因此一旦它們對世界產出成長的貢獻度較高時——一如中國這些年來的情況——用於不鏽鋼生產所使用的原鎳的百分比就容易偏高。

　　巴西淡水河谷公司是現在世界上最大的鎳生產商，在加拿大、巴西、印尼和新喀里多尼亞都有業務。俄羅斯以前的國有企業諾里爾斯克鎳業的生產量近年來被淡水河谷公司超越，目前是世界上第二大鎳生產商（見表2.31）。自從民營化以來，它在國外收購產能，多角化經營並介入其他金屬的生產。俄羅斯主要的生產地區位於科拉半島（Kola Peninsula，靠近芬蘭邊界的挪威北部）和西伯利亞地區。

表2.31／主要鎳生產企業，二〇一九年

	千噸
淡水河谷公司	208
諾里爾斯克鎳業	166
金川集團	150
必和必拓	121
BHP Group	87

資料來源：公司報告

鎳的市場

　　倫敦金屬交易所是從一九七九年底開始交易現貨鎳及三個月電解鎳（nickel cathode）的合約，在這之前，多數鎳供給者是根據英可公司（Inco，加拿大的礦業公司，目前隸屬淡水河谷公司）的公開報價來設定銷售合約價格。西方國家的鎳生產者原本反對LME進行鎳交易，一開始還試圖完全不參考LME的價格，逕自訂定合約價，不過，漸漸的，它們還是將LME價格視為最基本的參考點。

　　不過，生產者目前還是會針對特殊型態的產品另行報價，同時會為常客提供一些能緩和LME短期價格波動的價格公式。然而，這些公式通常都還是參考LME價格，而且儘管廢鎳和鎳鐵都沒有在LME交易，但生產者在為廢鎳和鎳鐵定價時，還是會融入LME價格要素。儘管特定合約內所擬的價格可能不是明確根據LME價格敲定的，但如果參與交易的各方無法就價格達成共識，最後還是會仰賴LME價格連動公式來解決定價問題。二〇一五年時，上海期貨交易所推出了鎳期貨合約，這似乎因為提供一個在兩個交易所之間套利的機會而提高了LME的流動性。

價格趨勢

　　鎳價的波動由來已久，部分原因出於這是個規模較小、流動性較差的金屬市場。二〇〇四至〇六年的鎳價泡沫，刺激了中國的不鏽鋼廠開發並採用鎳生鐵，隨後導致精煉鎳價格暴跌。

　　二〇〇九至一〇年價格在中國主導下飆升後，二〇一一至一

六年間，價格穩步下跌，主要原因是全世界高水位的庫存（見圖 2.14）。然而，近年來庫存下降，價格再度緩步上升。二〇二〇年疫情導致的封城措施期間，價格先大幅下跌，但隨著中國經濟在政策帶動下迅速復甦，同年後期鎳價出現強勁反彈。

圖2.14／鎳庫存及價格

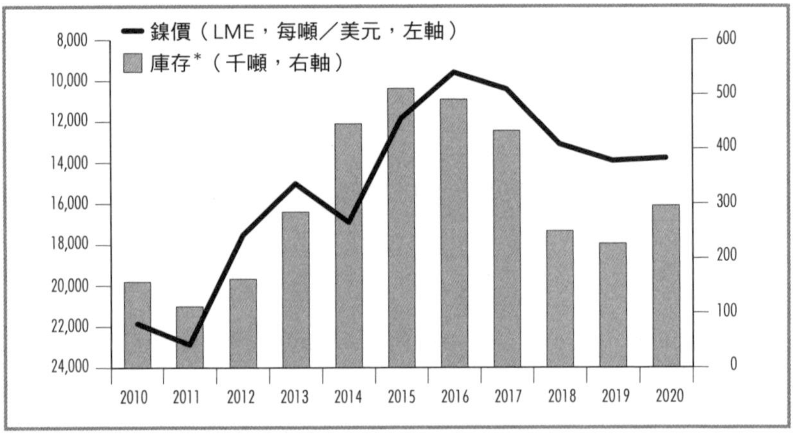

＊商業庫存總提報數字，進位至千噸。
資料來源：LME、世界金屬統計局

未來展望

■ 由於鎳是大多數電動車電池的關鍵材料，未來十年，可以預見鎳的消費成長會加速。同時，不鏽鋼在城市化與工業化的過程中扮演要角——這一趨勢預期在開發中國家繼續交棒下去。電池等級的鎳通常純度較高（一級鎳），因此也表示低鎳含量的精煉鎳（鎳生鐵、鎳鐵）的成長預期會放緩。鎳在電池儲存的應用空間也很大，像是再生能源的儲存。

- 在一個更環保的世界裡，不鏽鋼的需求展望可能好過許多其他材料。因為它百分之百可回收，而且60％至70％的新不鏽鋼是不鏽鋼廢料做成的。然而，沃斯田鐵系不鏽鋼（使用到鎳）沒有磁化，所以在回收廠更難分離。
- 電動車的時代即將到來，礦區產量是否足以滿足持續上升的需求，目前仍然未知。諷刺的是，鎳礦的開採也是相對耗能的產業，若要採用環境友善的方式，可觀的成本增加是必然的。而鎳價波動的歷史，也可能造成投資的阻礙。
- 若將巴西、澳洲及印尼正在興建的新產能納入考量，精煉鎳產業在二〇二一至二二年應該會穩定成長。就印尼來說，鎳礦砂的出口禁令讓精礦在國內的價格偏低，振興了其精煉相關產業。

［錫］

　　錫是人類最早懂得使用的金屬之一。早在青銅器時代，人類就把錫加到銅裡，用來製作青銅器。加入錫以後的銅會變得更堅固，而且較容易鑄造。錫的熔點低，延展性佳，抗腐蝕且能輕易和其他金屬熔合。錫也沒有毒性，而且很容易回收，這些特質已經變得愈來愈重要。然而，目前錫的供給主要還是來自採礦作業及含錫礦砂的精煉作業。

採集、加工及礦藏

　　原生（堅硬的岩石）礦床大約占總礦藏的30％左右，可以用露天或地下化的方式來開採，尤其是在秘魯、巴西、玻利維亞和澳洲。開採出來的礦砂會被送到加工廠進行碾碎、研磨及濃縮等處置作業。次生礦床（即砂礦床）主要是原生礦床被風化及侵蝕後形成，大約占世界錫礦藏的70％，而且主要是存在河床的沖積物、山谷和接近岸邊的海底。世界上多數砂礦床是在東亞及東南亞所謂的錫生產帶發現的，這個地帶從中國一直延伸到印尼，沿途經過泰國、緬甸和馬來西亞。這種露天開採（容易取得）的特質顯示，東南亞有非常多小型且通常屬於家族式的營運單位，尤其是印尼。

　　目前錫礦的開採主要是集中在亞洲和南美洲。四個國家——
中國、印尼、緬甸和巴西——占二〇一九年全球總產出的76%。
已知的礦藏集中在東南亞、南美洲、中國和俄羅斯（見圖2.15）。

　　生產精煉錫時，必須先將錫精礦置入高爐中，以攝氏1250度
加熱才能煉出金屬，接著，將熔化後的錫和廢品分離，並將之鑄
為錫錠。冶煉後所產出的粗錫會再經過精煉的過程，以便去除剩
餘的金屬雜質。

圖2.15／錫礦藏，二〇一九年

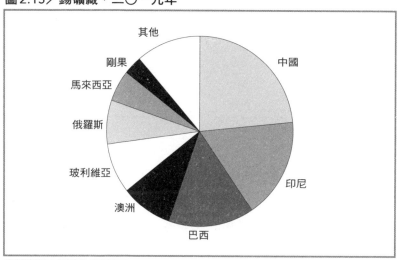

資料來源：美國地質調查局

產品與用途

　　錫的主要用途是焊料合金，這種合金廣泛被用來將各種零組
件黏合在電子設備及電器用品的印刷電路板上，而且也用來接合
自來水工程用的水管。根據國際錫業協會（International Tin

Association，簡稱ITA）估計，焊料合金生產所使用的錫，接近二〇一九年錫全球消費量的50%（見表2.32），略低於十年前的52%。而這項產品在電子產業的用途也意味，焊料合金用錫占亞洲錫消費量的百分比非常高。

表2.32／錫的最終用途，二〇一九年

	噸		所占%
焊接	176,008	焊接	49
鍍錫薄板	43,104	鍍錫薄板	12
化學	64,656	化學	18
黃銅和青銅	25,144	電池	7
平板玻璃	17,960	錫合金	5
其他	32,328	其他	9
合計	359,200		

資料來源：國際錫業協會

　　化學產業是錫（二價錫）的第二大消費者，而且這個產業的市場占有率正逐漸提高，該產業的錫消費量約占二〇一九年全球總消費量的18%。二價錫的化學品主要用作生產聚氯乙烯（PVC）安定劑的成分，據報導指出，二〇一九年聚氯乙烯的全球產量達到4800萬噸高峰，其主要市場是汽車製造、建築和包裝。錫還用於製造矽氧樹脂（用來作為催化劑）、聚氨酯發泡材和陶瓷顏料。然而，以上某些應用正面臨法令上的威脅——某些法律規定要逐漸減少重金屬（包括錫）的使用。

　　錫的第三大用途是生產鍍錫薄板（一種冷軋鋼板，上面電鍍一層薄薄的錫）。根據ITA的統計，這項產品大約占世界錫用量

的12％，而這個比例正逐年下降。鍍錫薄板主要是用在食品包裝、飲料罐和其他容器，不過，在飲料罐的用途上，錫正漸漸被鋁取代，而在高價食品和部分飲料產品的包裝用途上，它則是漸漸被玻璃取代，另外，錫在各式各樣產品如冷藏食品和顏料方面的用途也漸漸被塑膠取代。儘管如此，二〇二〇年的消費量略微攀升，可能是消費者因應疫情而囤積了一些罐頭食品，從而增加了它的需求。此外，出於環保考量，對塑膠的限制也愈來愈多，這可能對錫的需求產生正面影響，因為它容易回收。

　　錫的最終用途在高性能鉛酸電池的應用一直成長，目前約占錫年消費量的6％。最初是受益於中國的電動自行車電池的使用，但這個市場現在已經飽和。然而，含錫量較高的電池，也用於需求一直成長中的怠速熄火以及輕度混合動力車上。

消費與貿易
區域趨勢

　　由於歐盟、美國和日本限制以鉛作為焊劑，以及電子產業（主要是亞洲地區的電子業）迅速成長，促使錫的用量從二〇〇〇年的27萬7000噸，大幅增加到二〇一四年的39萬1000噸高峰水準。自那時起，消費有所放緩，部分原因是電子業的小型化，但中國經濟成長的放緩也是主因，畢竟中國目前是全球最大的消費性電子產品消費國。事實上，二〇一九年，消費下降了2.8％，因為全球工業活動——尤其是電子業——疲軟，外加疫情相關因素導致的經濟低迷，二〇二〇年消費再度下降。儘管如此，因為電子業在疫情期間的相對彈性、受益於在家工作、視訊

會議、線上學習和娛樂串流平台的增加，錫並沒有像其他低價金屬那樣受到負面衝擊。

中國在二〇〇三年取代歐盟，成為世界最大錫消費國，而且到二〇一九年時，中國占錫全球總消費量的比重已上升到接近50％（見表2.33）。儘管中國也是世界最大錫生產國，但它現在卻還是需要進口，因為國內供給量跟不上需求的成長。其他亞洲國家——尤其是日本、南韓和台灣——也是主要的錫消費國，不過，隨著當地企業將生產基地遷往其他較廉價的國家，這幾個國家在過去十年的錫消費量有所下降。

表2.33／主要錫消費國

	二〇〇〇年		二〇一〇年		二〇一九年	
	千噸	總數的%	千噸	總數的%	千噸	總數的%
中國	49.1	17.7	154.3	41.8	177.9	48.2
歐盟	72.6	26.2	57.3	15.5	58.2	15.8
美國	51.0	18.4	32.0	8.7	31.5	8.5
日本	25.2	9.1	35.7	9.7	24.9	6.7
南韓	15.3	5.5	17.4	4.7	12.0	3.3
印度	6.4	2.3	10.7	2.9	10.6	2.9
巴西	7.2	2.6	8.7	2.4	9.4	2.5
墨西哥	3.0	1.1	4.1	1.1	4.8	1.3
其他	47.1	17.0	48.6	13.2	39.9	10.8
合計	276.9		368.8		369.2	

資料來源：世界金屬統計局

西方工業國家的錫消費量呈現長期下滑的趨勢，主要原因是電子製造業及其他用錫產業移往較低成本的國家。無鉛焊劑的轉

換一度讓歐盟的錫消費量在二〇〇六年至〇七年上升到最高峰，但從那時開始便漸漸下降。儘管如此，歐盟依舊是世界第二大錫市場，大約占二〇一九年世界總消費量的16％。

貿易

　　從二〇〇二年取代中國以來，印尼一直是世界上最大的精煉錫出口國，它的出口貿易主要是透過新加坡進行（見表2.34）。印尼在二〇〇二年為了增加國內產值，禁止了錫礦的出口，而這個措施相對成功。

表2.34／主要出口國及進口國，二〇一九年

	出口			進口	
	千噸	總數的%		千噸	總數的%
印尼	67.9	33.0	美國	34.1	17.0
馬來西亞	21.1	10.3	日本	27.1	13.5
新加坡	16.5	8.0	新加坡	21.1	10.5
秘魯	20.0	9.7	德國	19.7	9.8
荷蘭	16.8	8.2	荷蘭	16.3	8.1
玻利維亞	15.2	7.4	南韓	13.9	6.9

資料來源：世界金屬統計局

　　秘魯的精煉錫出口從一九九六年的完全沒有出口，成長到二〇〇七年的3萬9400噸新高量，也因如此，秘魯成為世界上第二大出口國，主要市場為美國；不過，它的產量自那之後幾乎減半。另外，中國的出口量在在二〇〇〇年達到6萬2400噸的高峰

（約當全世界產出的23％）後便穩定下降，目前中國已是錫的淨進口國。二〇一九年，中國的出口量幾乎是進口的兩倍，但二〇二〇上半年進口量大幅成長，可能反映其國內採購精煉錫的困難度（例如，緬甸的港口就因為新冠疫情而受到封鎖限制）。已開發國家也是精煉錫的典型進口國。

產量及庫存
礦區產量

二〇一九年時，中國和印尼合計約占錫礦總產出的60％（見表2.35）。二〇一一年，緬甸開始生產錫精礦，到二〇一四年時，緬甸已經成為全球第三大錫精礦生產國。然而，近期產量急速滑落，因為容易開採的礦石幾乎都開採了，同時緬甸也缺乏為礦區專案融資的能力。

表2.35／錫的礦區產量

	二〇〇〇年		二〇一〇年		二〇一九年	
	千噸	總數的%	千噸	總數的%	千噸	總數的%
中國	88	37.6	130	40.9	127	35.5
印尼	52	22.2	84	26.4	86	24.0
緬甸	-	-	-	-	38	10.6
巴西	36	15.4	34	10.7	20	5.6
秘魯	13	5.6	10	3.1	18	5.0
合計	234		318		358	

資料來源：世界金屬統計局

亞洲之外的重要生產區域位於南美洲，尤其是祕魯和玻利維亞，巴西也有一點，但數量少於前兩國。非洲也有開採少量的錫，尤其是剛果民主共和國、盧安達、納米比亞和蒲隆地。由於礦區位於存在武裝衝突以及侵犯人權的地方，因此錫在非洲被認為是「衝突」礦物，如今採礦區域的主管機關正朝著改善透明度的方向努力。澳洲的錫生產量也持續增加，而且過去十年裡有不少專案投產。

二〇一七至一九年間，礦區產出持平，約為30萬5000噸，原因是印尼和中國產量的成長抵銷了（尤其是）緬甸與非洲的產量下降幅度。印尼的產量最近雖然有所回升，但也正面臨資源枯竭的挑戰。這個情況迫使採礦業者外移，然而這會大大提升成本以及技術的難度。

精煉及次級供給

錫冶煉業的集中度遠比其採礦業高。世界四大冶煉集團的年產出約占二〇一九年全球精煉錫總產量的58％。中國是世界上最大的精煉錫生產國，大約占二〇一九年世界產出的51％（見表2.36）。中國多數冶煉廠位於湖南和廣西省的錫礦區，而且，很多廠的營運規模都不大。湖南省境內的雲南錫業公司是中國最大生產商，二〇一九年的產出是7萬2000噸（見表2.37）。次級錫約占中國精煉錫總產量的30％，而廣東省目前是最重要的錫回收省分。

表2.36／主要精煉錫生產國

	二〇〇〇年		二〇一〇年		二〇一九年	
	千噸	總數的%	千噸	總數的%	千噸	總數的%
中國	110	42.0	149	41.7	181	50.6
印尼	46	17.6	64	17.9	82	22.9
馬來西亞	26	9.9	39	10.9	24	6.7
南美洲*	41	15.6	61	17.1	53	14.8
其他	39	14.9	44	12.3	30	8.4
合計	262		357		370	

＊玻利維亞、巴西和秘魯
資料來源：世界金屬統計局

表2.37／二〇一九年主要錫生產企業

公司	國家	產量（噸）
天馬集團	印尼	76,400
雲南錫業	中國	72,000
馬來西亞冶煉公司	馬來西亞	24,300
明蘇爾公司	秘魯	19,600
雲南乘風有色金屬公司	中國	19,100
玻利維亞錫業公司	玻利維亞	11,500
泰薩科公司	泰國	10,900
金屬化學公司	比利時	9,300
廣西華錫集團	中國	8,200
箇舊市自立礦冶公司	中國	8,000

資料來源：國際錫業協會

　　印尼的精煉錫產量僅次於中國，每年的變化很大，但在二〇一九年有所上升，國營的錫業集團天馬（PT Timah）是世界上最大的生產商，然而，錫業集團的成長代價，看來是小型私營冶煉

廠的犧牲而有的成果。

　　馬來西亞和泰國也是精煉錫的重要生產者，由於精煉產能遠遠超過地方的採礦能力，所以馬來西亞冶煉公司（Malaysia Smelting Corporation，簡稱MSC）和泰薩科公司（Thaisarco）都仰賴進口錫精礦，主要是從印尼進口。

　　秘魯是精煉錫的第四大生產國。該國最大單一生產商明蘇爾公司（Minsur）的產量，從一九九六年不到1000噸攀升到二〇〇五年約4萬2100噸高峰，但自那之後產量就一直穩定下滑，二〇一九年的產量僅為1萬9500噸。

錫的市場

　　錫價取決於倫敦金屬交易所，該交易所的錫期貨交易價被當作全球的參考價。錫生產商和顧客通常是根據LME的價格來達成商業協議。LME的多數錫庫存是存放在新加坡及馬來西亞。相較於其他市場，LME的錫市場流動性相對差，部分原因在於錫沒有被納入一些主要原物料價格指數，像是標準普爾高盛工業金屬指數。

　　然而，錫在二〇一五年開始在上海期貨交易所交易，經過緩慢的啟動後，交易量已經回升。實際上，在二〇一七至一九年大部分時間裡，上海交易所的錫庫存都高於LME的庫存。

　　吉隆坡錫市（Kuala Lumpur Tin Market，簡稱KLTM）是重要的交易場所，不過，二〇一二年初，印尼也在印尼股票交易所推出了自己的錫參考價，儘管這個參考價還沒能成為國際公認的標竿價格，但這確實決定了印尼的出口價格。

價格趨勢

　　以成交量的角度來說，錫市場是非鐵金屬市場中最小的市場，它的交易清淡，尤其和銅及石油價格比較起來特別明顯，而清淡的交易也讓價格波動加劇。在經歷了二〇〇〇年至〇八年的強勁反彈後，全球經濟衰退導致錫價暴跌。二〇〇九至一〇年，在中國的經濟刺激措施的支持下，錫價又見回升，但在接續十年的大部分時間裡，價格都維持弱勢。緬甸成為主要錫礦出口國，是錫價疲軟的因素，但需求的成長也很緩慢。二〇一八年，全球經濟活動的榮景推高了LME的錫價，在年初達到每噸超過22,000美元的三年高峰。之後，隨著工業週期和錫需求的下行，價格在二〇一九年回落，年底時交易價格約為每噸16,000美元，全年平均比二〇一八年低7.5％。錫價在二〇二〇年初因為全球經濟不

圖2.16／錫庫存與價格

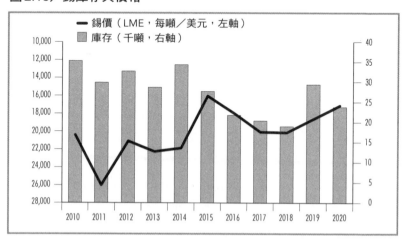

＊商業結算庫存總提報數
資料來源：倫敦金屬交易所、世界金屬統計局

景氣而暴跌，隨後強勁反彈，年底達到每噸20,455美元，然而該年平均價格仍有所下降（見圖2.16）。

未來展望

- 錫的焊接需求可能會上升，因為在5G通訊、電動車的互聯及其他新技術的應用——像是先進的機器人技術、再生能源發電和儲能設備——都需要它。
- 由於在先進國家，「擁有多種電子設備」成為趨勢，以及這些需求在開發中國家的成長空間仍然很大，消費性電子產品（錫較傳統的用途）的需求也可能成長。
- 低庫存和礦區供給的種種困難，意味一旦消費成長力量提升，錫價可能會強勁上揚。

［鋅］

鋅是一種存在於地殼的藍灰色金屬，不過，空氣和水裡也含有這種元素。它的特質包括熔點低、密度高，而且是良好的熱及電傳導體。鋅也是人體不可或缺的一種礦物質，是生物體內許多化學作用中的輔因子（co-factor），尤其是在免疫系統內。

採集、加工及礦藏

鋅通常和很多金屬同時開採，包括鉛、白銀、銅和黃金，不過，和黃金一起開採的情況較少。大約有80％的鋅礦產是自地底下挖掘而來，10％是露天礦，剩下的則是這兩者的結合。以產量來說，大型露天礦的產量占總產量的15％，地下礦區的產量占65％，而綜合礦區的產量占20％。根據美國地質調查局的估計，已知礦藏量約為25萬噸，其中澳洲和中國的蘊藏量尤其多（見圖2.17）。然而，美國地質調查局估計，全球經鑑定無誤的鋅資源高達1億9000萬噸。

通常鋅礦石只含有5％至15％的鋅，所以需要經過濃縮的過程，讓鋅含量提高到55％左右。鋅精礦也包含25％至30％的硫，所以，在冶煉鋅之前，必須先藉由燒烤（燒結）的方式去除硫。到目前為止，濕法冶金流程（hydrometallurgical process，簡

稱HP）是最重要的生產流程，占總產出的將近90％。這個流程
是以一個滲濾流程將鋅和其他金屬分離。接著，再將鋅溶液加以
電解，以生產鋅金屬。

圖2.17／鋅礦藏，二○一九年

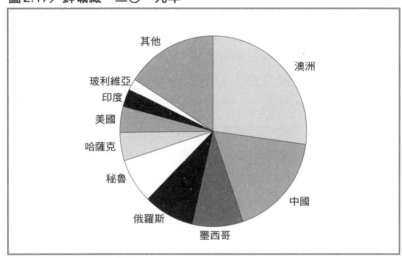

資料來源：美國地質調查局

　　帝國冶煉流程（imperial smelting process，簡稱ISP，譯注：
一種鼓風爐法）常被用來處理含有高鉛含量的鋅精礦。然而，這
個方法會耗用大量能源，高電力成本及低產出率導致很多ISP作
業廠關閉。而且藉由ISP法生產的鋅金屬等級，相對比以HP法生
產出來的鋅低。

產品與用途

　　鋅主要是用在鍍鋅、壓鑄和銅器（和銅熔合），這些用途占

總用量的80％。到目前為止，鍍鋅是最大的市場，這個項目約占全球鋅用量的50％。鋅也用在電池、化學和橡膠等領域，但用量並不多。

鍍鋅的過程是將一層薄薄的鋅裏覆在鋼鐵外表，這樣一旦產生腐蝕情況，鋼鐵就不會直接受影響，所以，這個程序能顯著延長鋼鐵的壽命。通常鍍鋅時會使用純鋅。鍍鋅鋼板可以上漆，而且上過漆的鍍鋅鋼板會更加抗腐蝕，同時更美觀。近年來因技術持續推進，所以即使是預先上過漆的鍍鋅鋼板，也能在不損及表面的情況下順利完成加工，這讓鋅在白色家電（包括電冰箱、冷凍櫃和洗衣機）方面的用量增加。

另外，由於人類對汽車耐久度的要求提高，汽車產業的鍍鋅鋼板用量也明顯增加，這項產品可用來製作汽車的車體。以鍍鋅鋼板來製作汽車車體是為了滿足消費者的要求──汽車車體最好能長期耐腐蝕。

汽車業與建築業主導著鍍鋅鋼板的需求，但這存在區域差異。新興經濟體的建築業使用較多的鍍鋅鋼板，然而在歐洲，交通部門的使用量則非常大，反映了其保固期通常比新興國家更長久。

銅器和壓鑄（例如衛浴設備和辦公室設備）用途合計約占鋅消費量的30％，但在這兩個用途，鋅也面臨替代品的強大壓力，尤其是較輕（甚至較便宜）材料（如塑膠和鋁）的競爭。

消費與貿易
區域趨勢

在二〇一〇至一九年之間，鋅的平均年度消費成長率為
2.5％，消費量從二〇一〇年的1250萬噸增加到二〇一九年的將
近1400萬噸（見表2.38）。消費成長已經從二〇〇〇年至一〇年
的4％放緩下來，當時中國的平均年度消費成長率為16％。儘管
如此，中國在二〇一〇至一九年間的市占率仍然增加，其消費占
二〇一九年全球鋅總消費量的將近一半。中國消費量的快速成長
主要是受鍍鋅產業及電池產業的用鋅量驅動。

表2.38／主要鋅消費國

	二〇〇〇年		二〇一〇年		二〇一九年	
	千噸	總數的%	千噸	總數的%	千噸	總數的%
中國	1,402	15.8	5,350	42.7	6,821	48.8
歐盟	2,551	28.7	2,085	16.6	1,816	13.0
美國	1,315	14.8	907	7.2	950	6.8
印度	224	2.5	538	4.3	687	4.9
南韓	419	4.7	540	4.3	672	4.8
日本	674	7.6	516	4.1	517	3.7
俄羅斯	138	1.5	203	1.6	273	2.0
土耳其	92	1.0	182	1.5	252	1.8
巴西	183	2.1	246	2.0	207	1.5
台灣	294	3.3	232	1.9	204	1.5
其他	1,598	18.0	1,734	13.8	1,565	11.2
合計	8,890		12,533		13,964	

資料來源：世界金屬統計局

在二〇〇八至〇九年間，全球金融危機導致很多已開發國家的鋼鐵產能永久關閉，尤其是在西歐，這有助於解釋歐盟市占率下降的原因。然而，歐盟在二〇一九年的消費量占比仍達13％，而且歐洲到目前為止仍是鍍鋅鋼鐵的淨出口國。美國占總消費量的比例相對較小（二〇一九年為6.8％），因為它的鋼鐵產業無法滿足國內對鍍鋅鋼鐵的需求，所以，美國是鍍鋅鋼鐵的淨進口國。然而，近年來，美國鋼廠受益於川普政府的保護主義政策和對主要貿易夥伴的鋼鐵進口課徵25％關稅的措施，熱浸鍍鋅鋼的進口量急劇下降，國產鋅的市占率提升，這個現象至少在因疫情導致的需求下滑之前仍持續著。

貿易

由於鋅的多數精煉作業都和鋅礦開採位置有一段距離，所以鋅精礦的貿易量很大。諸如日本、南韓及部分西歐國家的冶煉廠所需的鋅精礦，幾乎全部仰賴進口。儘管中國是世界最大的鋅礦開採國，但還是必須進口鋅精礦。

歷來，大多數鋅精礦是根據長期合約來交易，不過，買賣雙方會在品質和價格方面保留某種程度的彈性。這樣的安排等於是讓礦區的產量得到一個保障出路，但也讓冶煉廠得以確保特定混合精礦的取得，從而妥善安排它們的冶煉作業。然而，對採礦業者和冶煉業者來說，鋅精礦的現貨交易還是很重要。從二〇〇〇年開始，中國鋅精礦進口的持續增加，更讓現貨市場的重要性日益提升。

精煉鋅的貿易多半屬於區域內的活動。到目前為止，美國是

鋅金屬的最大進口國（見表2.39），但加拿大（世界最大出口國）
就足以滿足它的大部分需求。相似的情況仍在出現，包括德國在
內的很多歐洲國家都高度仰賴進口，不過，歐洲也有很多重要的
出口國，尤其是西班牙。精煉鋅的其他重要出口國包括南韓、哈
薩克、印度和秘魯。

表2.39／主要進口國及出口國，二〇一九年

	出口			進口	
	千噸	總數的%		千噸	總數的%
加拿大	548	13.1	美國	753	17.7
南韓	431	10.3	中國	605	14.3
荷蘭	389	9.3	荷蘭	398	9.4
西班牙	384	9.2	德國	318	7.5
澳洲	381	9.1	土耳其	253	6.0

資料來源：世界金屬統計局

產量及庫存
礦區產量

　　雖然只有少數幾個國家有能力支配鋅礦的產出，但世界上還
是有非常多國家有很多小型的鋅礦生產商，其他基本金屬比較少
見這種情況。部分原因在於鋅礦通常是隨著銅礦和鉛礦的開採作
業而被採集出來。二〇一九年時，全球四大生產國——澳洲、中
國、秘魯和美國——約占總礦區產出的62%，這比二〇〇〇年的
54%高（見表2.40）。會如此顯著增加的原因是，中國的產量增
加了三倍，秘魯的產出也提高了54%，這些產出的增加量抵銷了
美國在同一期間減少的11%產量。

表2.40／鋅的礦區產量

	二○○○年		二○一○年		二○一九年	
	千噸	總數的%	千噸	總數的%	千噸	總數的%
中國	1,476	18.4	3,842	30.1	4,645	35.7
秘魯	900	11.2	1,471	11.5	1,385	10.6
澳洲	1,163	14.5	1,475	11.6	1,276	9.8
美國	843	10.5	748	5.9	752	5.8
墨西哥	369	4.6	570	4.5	701	5.4
歐盟	753	9.4	778	6.1	676	5.2
印度	208	2.6	741	5.8	661	5.1
玻利維亞	146	1.8	411	3.2	528	4.0
哈薩克	288	3.6	405	3.2	370	2.8
加拿大	1,021	12.8	649	5.1	323	2.5
其他	835	10.4	1,671	13.1	1,712	13.1
合計	8,002		12,761		13,029	

資料來源：世界金屬統計局

　　整體而言，全球的鋅礦產量在過去十年的大部分時間裡都停滯不前，甚至還出現下滑，在二○一四至一七年間，年平均成長率為3.3％。當時全球的高庫存和二○一五年的價格暴跌導致一些礦商關閉產能。此外，中國當局開始改善小規模採礦作業的安全標準與環境監管規範，尤其對鉛與鋅的生產造成負面影響。隨後，價格的回升導致二○一八至一九年間的礦山產能復甦，供給量的平均年成長率將近5％。礦山供給量的成長在二○二○年戛然而止，因應疫情的相關措施導致礦山關閉（尤其是在秘魯）以及產能擴張的延遲。而二○二○年稍晚，南非的甘斯堡礦區的事故也增添了對礦區供給量的擔憂。

主要的鋅礦開採公司是瑞士的嘉能可公司、印度的韋丹塔公司、五礦澳洲公司（Minmetals Australia）以及加拿大的泰克資源公司。

精煉及次級供給

冶煉作業通常是在接近市場的地點進行，而不是在礦區附近，而且，其集中度不像採礦業務那麼高。中國是唯一的例外，它的十大冶煉廠約占國內產量的50％。然而，即使是在中國，還是有很多中小型的冶煉廠，合計供應剩下的50％產出。

中國是世界上最大的精煉鋅生產國，大約占二〇一九年全球總產出的將近45％；第二大單一生產國是南韓，但它的產量僅占約7.6％（見表2.41）。有非常多冶煉產能位於歐洲，其中，西班牙是歐洲的最大生產國。

印度的精煉鋅產量因印度斯坦鋅業公司（是由位於英國的韋丹塔資源公司所有）的擴充，而在二〇〇〇年至一〇年間顯著成長，但在過去時間中則幾乎沒有增加產能。亞洲整體的產出占二〇一九年世界總產出的64％，相比二〇〇〇年只有33％，產能大幅上升。

主要精煉鋅生產企業是尼爾史塔爾公司（Nyrstar，比利時）、韓國鋅業集團（Korea Zinc Group，南韓）、印度斯坦鋅業公司（印度）、尼克薩資源公司（Nexa Resources，巴西）和嘉能可公司（瑞士）。

精煉鋅的次級（使用廢料）產量一直在上升，根據國際鋅協會（International Zinc Association，簡稱IZA）估計，次級鋅產出

表2.41／主要精煉鋅生產國

	二〇〇〇年		二〇一〇年		二〇一九年	
	千噸	總數的%	千噸	總數的%	千噸	總數的%
中國	1,507	16.3	5,209	40.3	6,236	44.9
歐盟	2,286	24.8	2,030	15.7	1,989	14.3
南韓	430	4.7	828	6.4	1,056	7.6
印度	173	1.9	701	5.4	739	5.3
加拿大	781	8.5	691	5.4	653	4.7
日本	633	6.9	574	4.4	527	3.8
澳洲	344	3.7	506	3.9	454	3.3
墨西哥	219	2.4	322	2.5	391	2.8
秘魯	197	2.1	223	1.7	356	2.6
哈薩克	249	2.7	319	2.5	318	2.3
其他	2,404	26.1	1,515	11.7	1,170	8.4
合計	9,223		12,918		13,889	

資料來源：世界金屬統計局

大約占總精煉鋅產出的25％。此外，鋅產品的回收也存在，特別是銅器和壓鑄合金。一項鋅回收的有趣發展是在電弧爐（EAF）的粉塵中回收鋅。電弧爐用廢鋼來煉鋼，由於愈來愈多的廢鋼表面鍍了鋅，因此電弧爐粉塵中才會有鋅的存在。

鋅的市場

倫敦金屬交易所是鋅的主要期貨市場，另外，上海期貨交易所及荷蘭、美國和新加坡等國的交易所也有鋅金屬的交易。世界多數地區都以LME的定價作為精煉鋅及鋅精礦交易的標竿定價。歐洲各地、新加坡、杜拜和美國各地都有LME的鋅倉庫。

期貨交易最長可交易未來二十七個月的合約，而且也有選擇權的交易。

　　鋅精礦的合約加工處理費是由採礦業者和冶煉業者在每年第一季共同協商出來的。採礦業者為加工精礦而支付的處理費，多半是根據鋅精礦市場的供需決定。合約加工處理費是隨著某個共同認定的參考價或基準價格波動，而實際的費用則會自動隨著LME的價格變化進行調整。然而，也有現貨處理費，這可以作為當時供給的明確指標。二〇二〇年，由於礦區供給減少，現貨處理費在年底時已降至約每噸80美元，年初的價碼則是每噸310美元。

價格趨勢

　　二〇一六年至一七年，LME鋅的價格強勁上揚，由於礦區供給不足，將市場推入短缺狀態。然而，在二〇一八年初達到每噸3,610美元的高峰價格後，隨著供給情況改善，鋅市場反轉。二〇二〇年三月，因為疫情導致全球經濟活動的下滑，鋅價跌至每噸1,814美元的低谷。然而，中國經濟的快速復甦，以及疫情導致的礦區生產活動中斷，鋅價在二〇二〇下半年反彈。

　　上半年鋅需求的下滑促使LME鋅交易所庫存在二〇二〇年上升，這是二〇一二年以來首見。市場可能在二〇二〇年創下大量供給過剩的紀錄，這也跟交易所庫存增加的趨勢一致。不管怎麼樣，二〇一二年以來交易所庫存的大幅下降（見圖2.18）顯示，交易所以外仍可能有相當多的鋅庫存。

圖2.18／鋅的庫存及價格

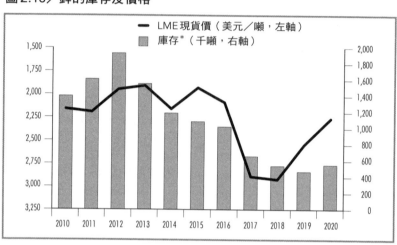

＊商業（LME、生產者、消費者、貿易商）庫存報告總數量，進位至千噸。
資料來源：倫敦金屬交易所、世界金屬統計局

未來展望

- 鋅大量使用於建築產業，這表示鋅的消費受建築業趨勢的影響。因此，中國房地產行業的前景和基礎建設發展計畫是影響鋅需求和價格的關鍵。二〇二〇年，中國推出了針對基礎建設的大量財政刺激措施，推升了鋅的需求與價格。然而，同時也頒布了一些政策限制房地產的開發。中國正積極避免過度的信貸擴張，而一旦最新的刺激措施結束，可能對鋅的需求產生負面效果。

- 鍍鋅鋼板在太陽能板的應用，應該會是未來十年需求成長的來源。

- 另一個必須密切追蹤的重要產業是汽車業。只不過，鍍鋅鋼

板在汽車產業的用途漸漸被鋁取代，因為鋁的重量較輕、較
節省燃料。

■ 雖然供給面已見改善，但價格普遍偏低以及未來需求可能降
低的風險（見上述），有可能導致鋅產業未來的投資活動減
少。小規模的專案（目前鋅產業有很多小型專案）尤其容易
受創，因為這些專案通常隸屬於一些產業地位較低的企業，
而這些企業融資的能力也比較差。

第三部

能源

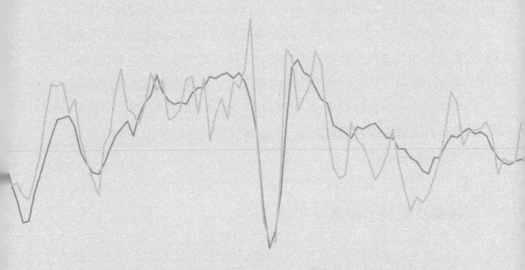

［煤炭］

　　煤炭是一種化石燃料，也就是一種碳氫化合物。它是史前植物在溫度和壓力等地質效應影響下，經過數億年才逐漸形成，形成過程和石油很類似，不過，煤炭的蘊藏量遠比石油多，而且更容易開採。幾千年來，煤炭向來被作為一種能源，古希臘、中國帝制時代以及羅馬帝國等時代，都可見到人類使用煤炭的跡證。然而到十八世紀及十九世紀的工業革命期間，煤炭在歐洲和美國被用來作為蒸汽引擎和製鐵的動力，所以其產量及消費量都大幅增加。當時，也用在建築物取暖用途上，而煤炭製造而成的煤油和煤氣，則作為照明用途。直到一九五〇年代以前，煤炭一直都是世界上最主要的能源來源，但此後便開始被較乾淨、環保的石油及天然氣取代。

礦藏及類型，採集及用途

　　據〈英國石油二〇二〇年世界能源統計回顧〉（BP Statistical Review of World Energy 2020）的估計，二〇一九年全球的煤炭礦藏量是 1.07 兆噸（見圖 3.1），而且地理分布相當廣泛。以英國石油的數據，從目前的產量推算，世上的煤炭礦藏量還夠人類使用一百三十二年。美國擁有世界最大礦藏量，其次是俄羅斯和澳洲。

圖3.1／煤炭礦藏，二〇一九年

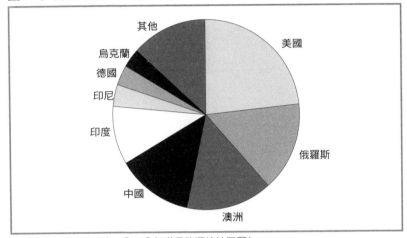

其他

美國

烏克蘭

德國

印尼

印度

中國

澳洲

俄羅斯

資料來源：〈英國石油二〇二〇年世界能源統計回顧〉

　　「最老」的煤炭通常是碳含量最高的煤，所以也含有最多能源成分。煤炭可分為四大種類：無煙煤（約占總礦藏的1％，碳含量最高）、煙煤（大約占礦藏的50％）、次煙煤（大約占礦藏的30％）及碳含量最低的褐煤（大約占礦藏的19％）。

　　人類平常使用與交易的兩種主要煤炭是燃料煤和煉焦煤，前者主要用於發電用途，而後者（相對少很多）主要用在鋼鐵產業。在製造水泥、製藥、化學和人造纖維等許多商品時，煤炭也扮演很重要的角色。

　　煤礦包括露天礦（地表上的礦，40％）和地下礦（60％）。煤炭開採出來後，必須加以清潔或清洗，以便去除雜質或塵土；清洗過程的複雜度取決於煤炭的預定用途。短距離的煤炭運輸是採用道路運輸或輸送器，長途的運輸則是藉由火車或駁船來載運（通常是送往港口）。由於煤炭是一種大宗原物料商品，所以海運

是最經濟的運送方式。在某些情況下，業者會將煤炭和水混雜在一起，經由管路來運送。

　　煤炭主要是用來發電，根據國際能源總署的數據，二〇一八年經濟合作暨發展組織（OECD）成員國國家的電力中，有38％是利用煤炭發電取得。

消費與貿易
區域趨勢

　　二〇一一年至一九年間，燃料煤消費的成長急劇放緩，年度平均成長率僅為0.9％，低於二〇〇〇年至一〇年間的4.4％。然而，世界各地的消費趨勢一直很分歧，歐盟和美國的消費量分別自二〇一三年和二〇一四年以來持續降低，開發中國家的消費量則持續成長。二〇一〇年至一九年間，亞洲的消費以平均每年3％的速度成長。由於煤炭容易取得且價格低（相較於其他能源燃料），所以它是很多國家（包括印度和印尼）鄉村供電計畫的首選燃料。另外，建造與經營火力發電廠的成本也比較低。

　　到目前為止，中國是世界上最大的煤炭消費國，大約占二〇一九年全球總消費量的47％（見表3.1），當年的成長率為4.2％。在中國的發電量中，大約有65％是透過煤炭發電，然而這比起十年前超過八成的發電占比已有所下降。儘管中國也是世界上最大的煤炭生產國，但它從二〇〇七年起就成為燃料煤的淨進口國，二〇一一年更是世界上最大的進口國。

　　世界第二大煤炭消費國是美國，但它的消費量呈現連年下降的態勢，部分是由於頁岩氣（shale gas）探鑽和生產的蓬勃發

表3.1／主要燃料煤消費國

	二〇〇〇年		二〇一〇年		二〇一九年[*]	
	百萬噸	總數的%	百萬噸	總數的%	百萬噸	總數的%
中國	998	26.4	2,401	41.7	2,879	47.3
印度	254	6.7	461	8.0	839	13.8
美國	936	24.7	919	16.0	517	8.5
德國	200	5.3	202	3.5	190	3.1
南非	153	4.0	181	3.1	177	2.9
印尼	25	0.6	66	1.1	132	2.2
俄羅斯	148	3.9	122	2.1	122	2.0
日本	43	1.1	103	1.8	113	1.9
波蘭	129	3.4	125	2.2	108	1.8
土耳其	73	1.9	85	1.5	105	1.7
其他	826	21.8	1,093	19.0	901	14.8
合計	3,785		5,758		6,083	

[*]：粗估
資料來源：美國能源資訊局、國際能源總署

展，以及天然氣價格因此重挫所致。二〇一九年，煤炭占發電的比例已經下降至23％（二〇一〇年這個數字為45％）。二〇一五年，歐巴馬政府頒布了「潔淨電力計畫」（Clean Power Plan），為各州制定了減少電廠汙染排放的目標，自此，許多燃煤電廠陸續退役。前總統川普是美國煤炭產業的強力倡議者，但仍然未能阻止燃煤發電走向沒落。

　　二〇一九年時，德國提出了關閉其境內煤炭開採產業的計畫，更是加快本已持續下降的歐洲煤炭消費量的下滑速度。這幾乎產生了立竿見影的效果，德國的消費量在二〇一九年下降了

20％。二〇二〇年，另一個歐洲煤炭消費大國——波蘭——也同意緩步減少其煤炭消費，至二〇四〇年達到僅占其11％至28％發電占比的目標。在歐盟，使用量持續降低，煤炭似乎沒有什麼前景可言。

相比之下，印度的煤炭消費穩定成長，它已成為世界第二大的煤炭進口國。事實上，對進口的需求可能會制約印度的煤炭使用量。二〇一九年，火力發電（幾乎全是燃煤，外加少量燃氣）占其總發電量的76％。由於農村電氣化仍然是進行式，印度似乎可能繼續擔當全球煤炭需求的主要動力。

貿易

根據國際能源總署的統計，煤炭貿易量在二〇一九年超過15億噸，燃料煤占其中多數，比例達75％，煉焦煤占24％，而褐煤約占0.4％。二〇一〇年的全球總貿易量僅約10億噸，所以，這段時間的貿易量稱得上大幅增長，而這多半是因為中國和印度的進口量大增所致。歐洲也是煤炭的淨進口地區，需求以德國為首。日本目前也仍是主要進口國，但隨著愈來愈多核電廠重新啟動，其需求可能會急劇下降。

印尼是二〇一九年的最大出口國，燃料煤出口量達4.55億噸，澳洲緊追在後，約3.93億噸（見表3.2）。二〇二〇年，中國與澳洲之間的緊張關係導致中國限制從澳洲進口煤炭，初期澳洲看似能找到其他替代市場，但中期來看，這可能會導致全球煤炭貿易量下滑。

表 3.2／主要的出口國及進口國，二〇一九年

	出口			進口	
	百萬噸	總數的%		百萬噸	總數的%
印尼	455	30.1	中國	298	19.7
澳洲	393	26.0	印度	247	16.3
俄羅斯	217	14.3	日本	185	12.2
美國	84	5.5	南韓	130	8.6
南韓	81	5.4	台灣	67	4.4

資料來源：世界煤炭協會

產量及庫存

　　二〇一〇年至一九年間，煤炭產量平均年增率為1.1％，反映出需求面低迷的現象。不過，產出成長放緩幾乎是所有主要生產國的趨勢。同期中國的年度產出成長率平均為1.8％，低於二〇〇〇至〇九年間驚人的9.1％。與此同時，美國的同期產量以平均每年4.4％的速度減少。有亮眼成長的市場為印度及印尼，其年度產出成長率分別為4.5％和8.7％。

　　中國的四大採煤區是內蒙古、山西、陝西以及西部的新疆。典型來說，這些地區的產出約占全國產出的四分之三。中國很多地方的採煤作業成本很高，所以當全球煤價低迷時，中國國內的產量就會停滯。此外，中國很多煤炭是藉由陸上運輸，這種運輸方式也很昂貴。經歷了二〇一三至一六年的短暫中斷（當時政府努力提高安全標準的規定），近期產量又開始成長。運輸物流改善，也因中國政府希望能減少對進口的依賴。二〇二〇年，中國當局宣布了一項提高煤炭產業生產力的計畫，包括關閉「過時

的」產能以及整併礦區。目標是將礦區減少到五千處，並讓大型礦場產出占全國產量的96％。這項計畫的目的不是為了削減產量，而是為了提升效率以及降低生產成本。

印度政府鼓勵煤炭的生產，但印度的煤炭產業仍受限於保護環境、土地取得問題和差勁的鐵道基礎建設等因素。二〇二〇年，印度開放私部門開採煤礦，在十一月首次向私人企業拍賣煤礦。然而，在開放競標的三十八座煤礦中，有十五座乏人問津。這可能反映了市場對環境問題以及獲利能力的質疑。然而印度政府制定了一個雄心勃勃的目標，就是在會計年度二〇二三／二四年實現煤炭自產自足。即便這個目標沒有達成，在未來幾年，印度的產出也很可能增加。

過去十年間，印尼的煤炭產出成長快速，目前占全球煤礦供給量的將近10％（見表3.3）。由於營運成本低，所以即便通常其煤炭的品質不佳，印尼依然是全球市場上的重要供給國。然而，其國內需求也正在迅速成長，並且時有關於限制煤炭出口量的討論。

俄羅斯方面，則沒有任何因環境因素而削減煤炭生產或消費的計畫。反之，政府已表示其使用碳捕捉與封存（CCS）的企圖。近年來，俄羅斯大規模投資基礎建設，以改善其通往東部港口的運輸路線，以期向亞洲國家出口更多煤炭。

南非的煤炭產業面臨很多問題，包括基礎建設效率不彰、勞工議題以及監理障礙等，種種問題導致產出受限。南非的煤炭生產成本普遍較低，所以它的出口競爭力其實很強，但國內需求的持續增長也意味未來的出口量不見得會繼續增加。

澳洲的產量已經開始回落，而這個趨勢顯然會持續，尤其若

表3.3／主要燃料煤生產國

	二〇〇〇年		二〇一〇年		二〇一九年*	
	百萬噸	總數的%	百萬噸	總數的%	百萬噸	總數的%
中國	1,031	27.2	2,491	43.3	2,623	43.1
印度	348	9.2	497	8.6	694	11.4
印尼	112	3.0	328	5.7	598	9.8
美國	995	26.3	902	15.7	570	9.4
澳洲	230	6.1	321	5.6	337	5.5
俄羅斯	157	4.1	198	3.4	297	4.9
南非	220	5.8	249	4.3	253	4.2
德國	177	4.7	167	2.9	127	2.1
哈薩克	61	1.6	96	1.7	98	1.6
波蘭	139	3.7	112	1.9	95	1.6
其他	316	8.3	520	9.0	517	8.5
合計	3,786		5,881		6,209	

＊：粗估
資料來源：美國能源資訊局、國際能源總署

與中國的貿易緊張局勢沒有改善。二〇二〇年，嘉能可宣布關閉部分煤炭品質較差的煤礦，以減少其在澳洲的煤炭產量。

煤炭的市場

　　煤炭礦藏的地理分布非常廣泛，所以自古以來，煤炭的貿易量相對有限。直到一九六〇年代期間，因為日本缺乏天然資源，尤其是碳氫化合物，煤炭貿易量才隨著日本經濟快速發展而明顯成長。日本的進口需求（以及後來的南韓和台灣等工業化國家的需求）是由澳洲、印尼甚至加拿大西部填補。然而，議價的大權

卻掌握在採購者手上，每年日本鋼鐵業和各供應國都會召開議價談判會議來決定煤價。價格議定之後，這個地區的其他鋼鐵廠就會沿用日本鋼鐵廠同意的價格（以較優質的煉焦煤為基礎）。後來，中國的鋼鐵廠業也開始參與議價談判。但對煤炭生產國來說，這樣的安排會導致價格降低。

這層關係在二〇〇〇年代時瓦解，但沒有人清楚箇中緣由，無論如何，生產國的議價能力改善，開始得以要求更高的煤價。在那段時間，中國多半還不算是主要的煤炭進口國，所以，它的影響並不大。比較可能的原因是由於煤炭價格長期低迷，所以只有少數大型企業有能力負擔開採煉焦煤資源的成本。而由於大部分的煉焦煤市場掌握在這少數幾家跨國企業手上，生產者遂取得了支配交易條件的力量。

儘管這些發展直接影響到的是煉焦煤的價格，但燃料煤市場也大致依循類似的趨勢，不再採用以前的長期合約模式，改成根據幾個現貨市場的數字來定價。然而，日本燃料煤市場的年度合約依舊維持三月簽訂、四月生效的傳統，而且通常是在大型採礦業者和日本公用事業公司談判後簽訂。

現貨市場是沿著幾個主要的外銷中心逐漸發展出來的，包括澳洲出口採用的紐堡現貨指數（Newcastle spot index）和南非出口採用的理查茲灣指數（Richards Bay index）。西北歐 ARA（阿姆斯特丹—鹿特丹—安特衛普）價格則是歐洲的進口價格標竿。很多國家都有本國的煤炭指數，例如美國有 NYMEX 現貨及期貨價格，中國有環渤海價格——追蹤六個港口的電廠煤炭價格。然而，目前現貨煤炭交易開始遭遇到幾項挑戰，包括流動性問題，另外，現貨交易供應的煤炭難以全面滿足買方的需求也是問題之

一，因為在現貨市場上求售的煤炭有很多不同種類（能量密度及雜質不同），而買方要求的煤炭品質（因環保要求或電廠的技術規格所致）也不盡相同。

價格趨勢

　　二〇〇〇年代期間，由於需求強勁，燃料煤價格因而大漲。由於價格長年維持低檔導致投資不足，因此當消費增加（尤其是中國首度在二〇〇七年加入市場）之後，市場供給便難以滿足需求。然而，隨著市場上的供給大幅擴增，加上全球消費成長放緩，煤價在二〇一〇年之後下行（見圖3.2）。

圖3.2／煤炭價格　　　　　　　　　　　　　　　　　（美元／噸）

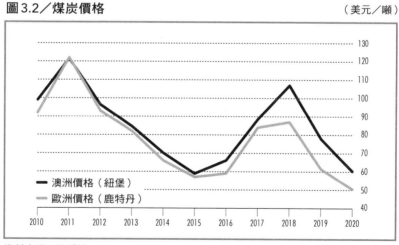

資料來源：路孚特

　　另一方面，美國天然氣產量的大幅增加以及液化天然氣的出口迅速成長（最初是澳洲，後來主要是美國），導致燃料煤主要

供應商的價格下降。中國經濟的反彈，造成煤炭市場在二〇一六年短暫再現供不應求的情況，推升了價格，但二〇一八年又再度下跌。二〇二〇年的場景也類似，中國的經濟從疫情中快速且強勁的復甦，成為煤炭價格的新推力。

未來展望

- 二〇二〇年九月，中國承諾二〇六〇年實現碳中和，於二〇三〇年達到碳排峰值。如果中國迅速行動減少碳排放量，煤炭消費量便可能在不久的將來開始下降，這將對煤炭出口國產生負面影響，最終根本性地影響煤炭的生產。

- 各國削減碳排放量的種種努力，會導致煤炭消費量降低。雖說如此，由於煤炭具備相對價格競爭力（不考慮碳價的話）和充足的礦藏等條件，所以若要提升世界各個貧窮地區的生活水平，煤炭依舊是首選的燃料。

- 碳捕捉與儲存（CCS）技術有可能更加普及。

- 煤炭的貿易量或許已接近峰值，甚至可能已經在二〇一九年達到頂峰。這是因為中國正努力達到自產自足的狀態，而各國的貿易政策也普遍添加更多保護主義的色彩。此外，許多主要出口國的國內消費也在成長。

［天然氣］

　　天然氣是一種化石燃料，換言之，它是一種碳氫化合物氣體。天然氣存在於地下的岩床或與其他碳氫化合物（石油和煤礦床）並存。以前，人類以為天然氣沒有商業開發利益，所以鑽採石油的過程中所產生的天然氣都被直接燃燒掉或排放到空氣中。直到一九七〇年代，人類才發現天然氣本身也是可用的原物料商品，所以，現在人類以管路來運輸油井中「伴生」（和石油伴生）的天然氣（有些天然氣會被重新注入油井，作為提升採集率的手段）。非伴生的天然氣是直接從純天然氣田中取得，另外，煤層氣（coal bed methane，亦稱煤層甲烷）是從含煤的岩層中採集。

礦藏與類型、採集及加工

　　根據〈英國石油二〇二〇年世界能源統計回顧〉的統計，二〇一九年天然氣礦藏量估計約198.8兆立方公尺，地理分布相當集中（見圖3.3）。根據英國石油的說法，若以未來消費量估計值來推算，已知的天然氣礦藏將能維持五十年的使用，不過，這多半沒有把非傳統天然氣（像是頁岩氣）的儲量列入計算。俄羅斯擁有世界最大礦藏量，其次是伊朗、卡達和土庫曼共和國。其他擁有大量礦藏的國家還包括了中東、非洲的產油國（沙烏地阿

拉伯、伊拉克、阿拉伯聯合大公國、阿爾及利亞和奈及利亞）與
澳洲。

圖3.3／天然氣礦藏，二〇一九年

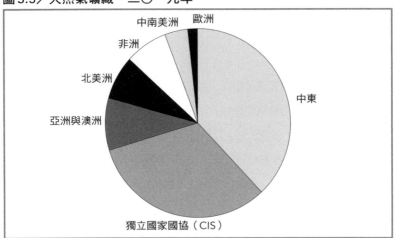

資料來源：〈英國石油二〇二〇年世界能源統計回顧〉

　　隨著技術的進展，人類開始從較不容易接近的岩層中採集天
然氣。這些「非傳統」天然氣包括緻密氣（tight gas，從低滲透
岩層中採集）和頁岩氣（從頁岩層中採集）。非傳統天然氣的來
源在地理上分布更廣泛，然而卻只在少數國家被採集出來，尤其
是美國。二〇一八年，非傳統天然氣（頁岩氣與緻密氣）占美國
天然氣產出的84％。過往這種天然氣的採集成本較高，因為必須
使用較先進的技術，而且須耗用更多能源，但二〇一二年起，開
採成本開始下降。天然氣的低價格以及政治上對於水力壓裂法
（fracking）的反對聲浪，意味著可預見的頁岩氣革命很大程度上
只會局限在美國境內。根據美國能源資訊局的統計，頁岩氣儲量
占已知儲量的68％。目前酸氣（sour gas）──即含有大量氫硫化

物的氣體——也開始變得具有商業開發利益。不過，在使用這種氣體以前，必須先將其中的氫硫化物去除。

　　天然氣在採集出來後，必須經過加工去除雜質的程序。萃取流程的副產品——乙烷、丙烷和丁烷——也都分別具備商業銷售的條件。

　　液化天然氣（Liquefied natural gas，簡稱LNG）是將天然氣冷卻到大約 -160°C 的溫度後製成的一種透明液體。經過這道程序後，天然氣的體積會大幅縮小，因此更容易儲存和運送。通常天然氣在來源地就會被製成液化天然氣，接著以LNG火車（船）運送，再於目的地的工廠重新予以氣化。LNG是從一九六〇年代開始生產，從那時開始，產量便顯著增加，它讓天然氣市場變得更有彈性，因為原本天然氣只能用管路來運輸。

　　如今人類更開發了浮動式液化天然氣（Floating liquefied natural gas，簡稱FLNG）儲卸裝置，這種處理平台讓天然氣的液化過程得以在境外天然氣田附近的海面上進行。截至二〇二〇年，運作中的FLNG輪船共有四艘，預計到二〇二三年，這個數字會翻倍。浮動式液化天然氣的採集比傳統天然氣的靈活度更大，因為FLNG輪船可以在運作年限內轉移到不同的天然氣田運作。然而，由於需要巨額的初期資本投入，以及多年的規畫與建設，使得FLNG的專案經常在完成之前就遭到擱置，而且FLNG專案也不如頁岩氣專案那般可以對價格變化做出靈活反應。

　　浮動式接收站（Floating Storage and Regasification Units，簡稱FSRUs）可以在海上卸收、儲存並再氣化LNG，這讓天然氣的消費增添了靈活度。由於可以被拖曳到任何地點，所以即便價格高昂，仍然是比建造再氣化廠更為便宜的解方。如果一個國家出

現意外或暫時的天然氣供給短缺，這個方案就特別有用，也讓較新、小規模的市場得以使用液化天然氣。二○二○年，運轉中的浮動式接收站共有二十座，至少還有七座在興建中，在未來十年內，德國、越南、泰國和菲律賓都將擴大浮動式接收站的規模。

伴隨天然氣燃燒而產生的碳排放量比燃燒煤炭或石油的排放量低，所以，一般認為天然氣在控制（與降低）全球碳排放方面扮演著重要角色。根據美國能源資訊局的數據，一般而言，天然氣的碳排放量比燃燒煤的碳排放量低約50％，也比燃燒石油而產生的碳排放量低約25％。

消費及用途

到目前為止，發電產業是天然氣的最大消費者，其次是建築物（天然氣被用來作為鍋爐——產生熱水和室內暖氣，主要是OECD成員國——的動力來源）和工業（石化業）。運輸產業的消費量也持續增加，不過這部分占總消費量的比例還非常小。一九七○年代至一九八○年代間，由於石油危機的影響，歐洲公用事業產業的天然氣使用量快速成長。不過，根據國際能源總署的數據，以全球發電的原料來說，天然氣在二○一九年的占比為23.3％，僅次於煤炭的36.3％。

二○一○年至一九年間，天然氣消費量穩定成長，平均年增率約近3％，世界上大多數地區的天然氣使用量都呈成長趨勢，但由於市場飽和、經濟情勢低迷以及區域的再生能源產能增加，歐洲的天然氣使用量在二○一○年至一九年間有所下降；然而，歐洲現在也是LNG的重要消費者（儘管依然無法跟東亞的市場規

模相比），部分歸功於歐盟對建設新的再氣化廠提供了金援。隨著境內天然氣產量的下降，歐洲自然也希望加以分散能源的進口來源。

二〇一〇年至一九年間，中國天然氣消費量的平均年增率為13.2％，不過，那是因為中國的基期相對較低，目前也只占全球天然氣消費量的近8％（見表3.4）。因此儘管中國也是天然氣市場的重要參與者，但並不像在大多數原物料商品市場上占主導地位。中國對天然氣的需求，其驅動力是當局努力改善空氣品質以及抑制對燃煤發電依賴的作為。近年來，中國已成為液化天然氣和管路運輸的天然氣的主要進口國，這些天然氣主要是從中亞進口，近期俄羅斯也成為重要夥伴。

美國的消費量也如同中國一般迅速成長，二〇一〇年至一九年間，美國消費量的平均年增率為3.2％，並且占全球天然氣消費量22％。美國天然氣消費成長的主要原因是：國內頁岩氣產量強勁成長、國內價格持續低迷，以及新的燃氣發電廠投入運轉。自二〇〇〇年以來，印度的天然氣需求增加一倍多，二〇一〇年至一九年間消費的平均年增率為2.3％，然而其每年的消費量很不穩定，因為印度買家通常對價格很敏感，在價格高時，其消費量便很可能下降。因為印度許多城市的空氣品質不佳，以及其在二〇一六年《巴黎協定》（關於氣候變遷）上的承諾，使得政府致力於在二〇三〇年將天然氣在初級能源消費總量中的占比，從二〇一九年的6.3％提升到15％。印度政府推估，其在二〇三〇年之前，初級能源消費的年增率為4.2％，因此除了投資液化天然氣的基礎設施之外，印度也需要大量投資國內天然氣的生產。

俄羅斯是天然氣的消費大國，天然氣占該國能源消費的一半

表3.4／天然氣消費

	二〇〇〇年		二〇一〇年		二〇一九年	
	十億立方公尺	總數的%	十億立方公尺	總數的%	十億立方公尺	總數的%
北美洲	754	31.4	803	25.4	1,058	26.9
美國	628	26.2	648	20.5	847	21.5
加拿大	89	3.7	98	3.1	91	2.3
亞洲與大洋洲	298	12.4	578	18.3	870	22.1
中國	25	1.0	109	3.4	307	7.8
日本	76	3.2	100	3.2	108	2.8
印度	25	1.1	59	1.9	60	1.5
南韓	20	0.8	45	1.4	56	1.4
獨立國家國協	452	18.8	531	16.8	574	14.6
俄羅斯	366	15.3	424	13.4	444	11.3
中東	183	7.6	380	12.0	558	14.2
伊朗	59	2.5	144	4.6	224	5.7
沙烏地阿拉伯	47	2.0	83	2.6	114	2.9
歐洲	559	23.3	623	19.7	554	14.1
德國	83	3.5	88	2.8	89	2.3
英國	101	4.2	99	3.1	79	2.0
義大利	68	2.8	79	2.5	71	1.8
法國	42	1.7	50	1.6	43	1.1
中南美洲	98	4.1	147	4.7	165	4.2
非洲	56	2.3	99	3.1	150	3.8
合計	2,400		3,161		3,929	

資料來源：〈英國石油二〇二〇年世界能源統計回顧〉

以上（二〇一九年為54％）。約莫三分之二的產量是用於生產國內的電力與暖氣；俄羅斯天然氣消費進一步增加的空間不大，因為在發電端對天然氣需求的預期成長，可能會被供暖所需的天然

氣下降幅度給抵銷。俄羅斯當局在二〇一七年提出供暖改革（Heat Reform），用意在於大幅變革暖氣系統低落的能源效率。此外，俄羅斯國內也存在煤炭與天然氣的供給競爭；煤炭價格低且缺乏管制，但煤炭的普及受到高昂的交貨成本以及儲存成本所限制。

與此同時，中東地區由於經濟及人口的高度成長，促使電力和水的需求大幅上升（天然氣被用在脫鹽工廠）。自二〇〇〇年以來，中東的天然氣消費量增加了兩倍。中東地區，尤其是沙烏地阿拉伯，正努力減少石油在發電用途上的占比。中東現在的天然氣消費量比全歐洲都大。

根據國際能源總署的數據，二〇一九年，全球的天然氣貿易量增加了555億立方公尺，達到1.2兆立方公尺之多。自二〇一七年以來，天然氣貿易量的增加大多來自液化天然氣，澳洲與美國近年大幅增產後，液化天然氣現在占總貿易量的38％。

產量

天然氣產量是由少數幾個生產大國支配。二〇一九年時，俄羅斯和美國共占全球天然氣總產量的40％，其他大生產國還包括伊朗、卡達、中國、加拿大和澳洲（見表3.5）。

俄羅斯天然氣產量穩步成長，二〇一〇年至一九年間的平均年增率為2.5％，但該國天然氣產業的獨占企業Gazprom位於西伯利亞西部的主要氣田已經逐漸成熟。俄羅斯近期的戰略在於積極開發其出口液化天然氣的能力，以期在出口歐洲（天然氣供過於求）之外，也能夠擴展對亞洲的出口。亞馬爾半島（Yamal

表3.5／天然氣產量

	二〇〇〇年		二〇一〇年		二〇一九年	
	十億立方公尺	總數的%	十億立方公尺	總數的%	十億立方公尺	總數的%
北美洲	728	30.3	776	24.7	1,128	28.3
美國	519	21.6	575	18.3	921	23.1
加拿大	176	7.3	150	4.8	173	4.3
獨立國家國協	645	26.8	733	23.3	847	21.2
俄羅斯	537	22.4	598	19.0	679	17.0
中東	204	8.5	475	15.1	695	17.4
伊朗	56	2.3	144	4.6	244	6.1
卡達	26	1.1	123	3.9	178	4.5
沙烏地阿拉伯	47	2.0	83	2.6	114	2.8
亞洲與大洋洲	278	11.6	490	15.6	672	16.8
中國	27	1.1	106	3.4	178	4.5
澳洲	31	1.3	54	1.7	154	3.8
馬來西亞	50	2.1	65	2.1	79	2.0
印尼	71	2.9	87	2.8	68	1.7
非洲	135	5.6	202	6.4	238	6.0
阿爾及利亞	92	3.8	77	2.5	86	2.2
歐洲	310	12.9	310	9.9	236	5.9
挪威	49	2.1	106	3.4	114	2.9
中南美洲	102	4.2	160	5.1	174	4.4
合計	2,402		3,146		3,990	

資料來源：〈英國石油二〇二〇年世界能源統計回顧〉

Peninsula）的專案現在已經開始投產，二〇一九年生產了963億立方公尺的天然氣，主要以液化天然氣的形式出口。一旦有更多天然氣田投產，估計每年可開採多達3600億立方公尺的天然氣。二〇一九年底，西伯利亞力量（Power of Siberia）天然氣管線開

始將俄羅斯的天然氣輸往中國，並計畫興建西伯利亞二號，將亞馬爾半島的天然氣透過管線輸送到中國。

二〇一〇年至一九年間，美國的天然氣產量年增率達5.2％，幾乎全部的成長都得歸功於頁岩氣產出的增加。根據美國能源資訊局的資料，頁岩氣在二〇一八年占美國天然氣產量的77％，美國的頁岩氣對其國內以及全球的天然氣價格都造成巨大下行壓力。

西歐天然氣產量長期低迷的情況很可能不會改變，英國北海產出減少的趨勢將尤其顯著。歐洲為了抵銷傳統天然氣產量減少的問題，已著手開發非傳統天然氣資源，以求減少對天然氣進口的依賴。然而，包括法國、德國和英國在內的許多國家已經永久或暫時禁止水力壓裂法的開採流程。此外，波蘭擁有豐富的非傳統天然氣資源，並曾經積極探勘、開發，但由於地質以及財政上的艱鉅挑戰，目前已經中止所有開發計畫。

過去十年間，全球液化天然氣的產量大幅擴張，最大生產國澳洲與卡達目前在市場上的占比相當（二〇一九年各占液化天然氣出口22％）。

二〇一〇年至一九年間，卡達的天然氣產量年增率為7.3％，隨著北方氣田（North Field）擴建專案的投產，預計產量會進一步上升。二〇一一年以來，卡達每年外銷1750億立方公尺，而北方氣田的專案預計會讓其外銷總量增加到2250億立方公尺，使其成為液化天然氣的主要供給國。卡達氣田的天然氣取得容易，而且開採成本遠低於頁岩氣或其他更成熟的一般氣田。

二〇一〇年時，澳洲還只是一個相對小的天然氣生產國，大約僅占全球供給量的1.3％。然而，在巨型的液化天然氣以及浮

動式液化天然氣基礎設施專案完成後，液化天然氣已經一躍成為澳洲出口產值第二大的原物料商品，僅次於鐵礦。

有些國家——主要是俄羅斯和伊朗——希望成立一個類似OPEC的國際天然氣組織，而且卡達、委內瑞拉、奈及利亞、利比亞、印尼、埃及和阿爾及利亞等國也定期參與關於天然氣市場的種種討論。然而，由於全球天然氣市場非常混亂（見下述內容），所以想成立一個能藉由協同各地產出量進而影響價格的組織，似乎不太可能成功。

天然氣的市場

天然氣是少數沒有全球標竿價格可作為多數國際貿易依據的原物料商品，部分原因在於輸送天然氣的困難度。一般來說，生產國和消費國之間簽定長期銷售合約後，就會建造輸送管路來履行合約義務。價格指數是以國際油價為基礎（通常會有時間落差）的某個公式來計算。

然而，過去十年左右的發展已導致這個作法局部瓦解：因亞洲的需求極端強勁，以及全球液化天然氣的產量大幅增加。儘管液化天然氣並不是什麼新技術，但近幾年液化天然氣供給量的激增，還是讓天然氣的供給面變得更有彈性且國際化。

如今有三個非常明確但差異甚大的天然氣市場中心：亞洲的進口液化天然氣現貨市場；歐洲管輸天然氣及進口液化天然氣的混合市場；以及美國國內市場，美國市場的價格是以亨利港（Henry Hub）價格為標竿。然而，儘管現貨天然氣市場問世，買賣雙方還是會簽定長期的管輸天然氣及液化天然氣合約，而且合

約定價通常是以國際原油價格為指標。儘管如此，歐洲傾向以現貨價格購買其所有的液化天然氣。而美國的液化天然氣價格是根據亨利港天然氣現貨價格訂定的，並沒有參考原油價格。

價格趨勢

我們不可能用很多原物料商品的方式來概括各地的天然氣價格，因為各區域市場之間的差異很大。更重要的是，由於天然氣用於供暖與空調系統，而天氣難以預測，因此天然氣價格波動可能很大。過往，液化天然氣的價格明顯高於美國亨利港的標竿價，而歐洲天然氣價格則落於兩者之間（見圖3.4）。儘管如此，二〇一五年至一九年間，所有主要市場的價格都普遍下探，反映了供給量的增加。緊接著，疫情導致天然氣的消費急劇下滑，使其價格在二〇二〇年上半年，暴跌至幾乎趨於歷史低點的每百萬

圖3.4／區域天然氣價格，美元／mBtu

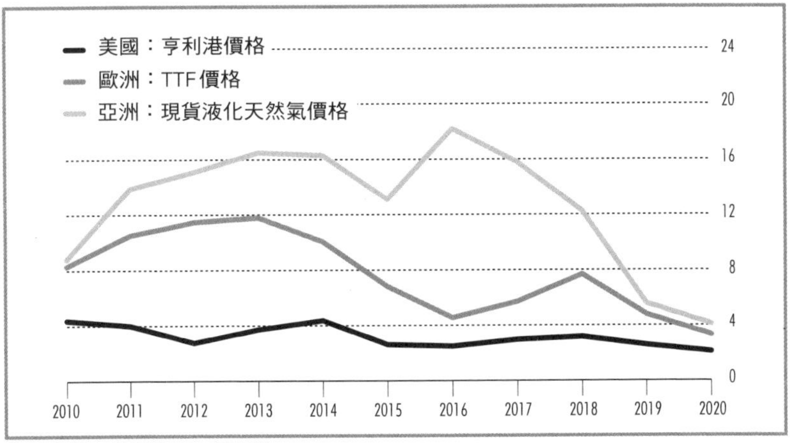

資料來源：世界銀行、路孚特

英制熱量單位（British thermal units，簡稱mBtu）1.5美元。

　　美國國內頁岩氣產量的大幅增加，影響了亨利港的標竿價。在擔憂國內供給的氛圍中，二〇〇〇年至〇八年間，美國天然氣平均價（亨利港）為6.05美元／mBtu。隨著美國產量的迅速增加，二〇一二年至一八年間，平均價格僅3.14美元／mBtu，儘管擁有了以液化天然氣的形式出口天然氣的能力，也未能提升價格。二〇一九年，平均價格為2.57美元／mBtu，疫情導致的需求下滑更讓價格在二〇二〇年六月跌至1.48美元／mBtu，達到二十多年來的低點。二〇二〇年底，價格開始反彈，超過前一年度同期價格。

　　過去十年間，歐洲的天然氣採用荷蘭的天然氣交易中心（Title Transfer Facility，簡稱TTF）作為價格標竿，大大增加了流動性。英國的天然氣線上交易（National Balancing Point，簡稱NBP）則是另一個價格標竿。隨著液化天然氣氣源的穩定增加，歐洲的天然氣價格一直有下跌的壓力，此外，暖冬、低迷的景氣以及再生能源投產量的快速成長，也壓低了價格。然而，跟亨利港一樣，二〇二〇年最後幾個月出現反彈，部分是由於亞洲液化天然氣價格的飆升。

　　過去十年間，出口到亞洲的液化天然氣價格已經下滑。二〇一九年的平均價格僅為5.49美元／mBtu，遠低於二〇一三年的價格高峰16.56美元／mBtu。來自澳洲（主要）以及美國的供給量快速成長，是拉低液化天然氣現貨價格的主因。全球約有30%的液化天然氣貿易是以現貨形式交易，其餘的則仍以合約形式進行，其中大部分以原油價格為標竿。由於液化石油氣的建設需要巨額的資本支出，因此生產方往往力求在興建之前就簽好長期合

約;同時,消費端看重的是合約帶來的供給安全保證。由於市場供給過剩,消費端的聲量也變大,不斷要求簽訂更短、更彈性的合約。無可否認的是,二〇二〇年,疫情對市場造成巨大影響,價格一度跌至2美元／mBtu以下,但由於亞洲的需求面強勁以及疫情也導致供給量下滑,年底時價格升回14.3美元／mBtu。然而,供給過剩的場景可能會在二〇二一年至二二年再現。

未來展望

- 假設二〇二〇年至二一年疫情過後經濟復甦,導致產量恢復的話,短期內看來,全球市場的天然氣供給量充足。

- 許多國家——包括中國和印度——都在提倡使用天然氣替代煤炭,以減少汙染與碳排放,亞洲的需求可能會持續強勁,這應該足以抵銷歐洲天然氣需求下降的可能性。

- 中期的前景則難以預測,因為大型經濟體因應氣候變遷而採取的能源政策將決定天然氣的未來。歐洲已經宣布了提倡「潔淨氫能」(clean hydrogen)的計畫,這將使發電過程完全不需要石化燃料。然而,氫能仍然是非常昂貴的選項。

- 二〇二〇年的價格暴跌導致液化天然氣產能的增產計畫後延,不過隨後價格的回升應該能刺激資本投入。儘管還有非常多尚未開發的天然氣礦藏,但很多礦藏——如北極氣田的開發——的採集複雜度很高,故開發成本非常昂貴,自然會對長期供給和價格造成影響。

［原油］

　　原油是一種碳氫化合物，多半是由氫及碳組成，含有微量的氮、硫和氧，而且是經過數億年的化石演變流程後才形成。石油通常存在於地底或海底的儲油層。採集石油的方法有很多種，有時候是利用存在於儲油層裡的天然壓力，有時候則是使用幫浦。隨著原油愈來愈難採集，開採過程中有可能會使用提高採集率的技術，如注入水或天然氣。另外，要從較不傳統的來源——如油砂或油頁岩——中萃取原油，則要使用較類似採礦的方法。

　　原油的型態有很多種，包括輕原油（又稱無硫原油，sweet）到重原油（含硫原油，sour）等，其分類取決於美國石油協會（American Petroleum Institute，簡稱API）的原油重量比指數，這個重量比指數是衡量不同種原油相對於水的重量。歷來輕原油都享有溢價，因為它較適合用來生產汽油（在煉油廠提煉）。

加工與產品

　　原油可以提煉成各式各樣的產品，如汽油（petrol）、中間分餾油（middle distillates）和燃料油（fuel）。汽油是一種輕質分餾進料油（light distillate feedstock，簡稱LDF）。中間分餾油包含航空及加熱煤油，還有柴油。燃料油包括航運燃料（用於海運運

輸的鍋爐燃料油）及直接作為燃料的原油。其他產品包括液化石油氣（liquefied petroleum gas，簡稱LPG）、溶劑、石油焦（petroleum coke）、潤滑油和瀝青。美國能源資訊局估計，二〇一九年，美國煉油業每桶42加侖的原油中，平均生產19.4加侖的汽油、12.5加侖的中間分餾油和4.4加侖的燃料油。

原油市場主要是由煉油公司組成，其中很多公司的業務向下垂直整合到汽油產品的配送及銷售，有些則向上垂直整合到探勘、生產，另外也有些企業會同時朝上、下游垂直整合。歷來原油提煉都是在消費國進行，因為原油運輸成本比石油產品的運輸成本低。儘管目前有愈來愈多生產國也開始從事煉油業務，但二〇一九年歐洲仍占總煉油產能的15.5％，大大高於其石油產能。

煉油業務的獲利能力通常比石油產業的其他業務差，主要原因是環保標準愈來愈嚴格，這些規定所衍生的成本導致煉油業務的利潤率遭到壓縮。也因如此，從二〇〇八年至〇九年全球經濟成長趨緩以來，歐洲的某些煉油產能已經關閉，但美國的煉油產能近幾年則有所提升，反映其國內石油產能的成長。日本、南韓和印度都擁有可觀的煉油產能，剩下的產能多半位於原油生產國，如俄羅斯、伊朗和沙烏地阿拉伯。中國產能約占二〇一九年全球煉油產能的16％，但其中大約有10％的產能來自所謂的茶壺煉油廠（小型的獨立煉油廠）。近年來，中國已經成為主要的石油產品出口國。

礦藏

根據〈英國石油二〇二〇年世界能源統計回顧〉的統計，二

○一九年世界原油礦藏量估計約1.73兆桶（見圖3.5），最多是蘊藏在委內瑞拉（奧里諾科石油帶〔Orinoco Belt〕，蘊藏超重質石油）和沙烏地阿拉伯。伊朗、伊拉克、加拿大和俄羅斯也有可觀的礦藏量。根據英國石油估計，若維持目前的生產率，這些礦藏還能維持將近五十年的供給；然而，若考量科技的進步會讓原先無法開採的礦藏也得以開採，這個年數很可以是低估的數字。以目前的產出率估算，一般認為中東石油礦藏還可有效維持七十五年的供給。

圖3.5／原油礦藏，二○一九年

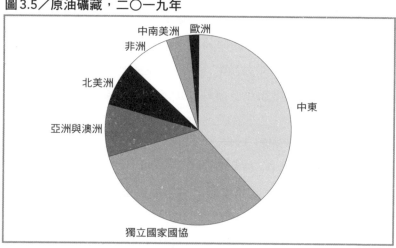

資料來源：〈英國石油二○二○年世界能源統計回顧〉

消費與貿易
用途

根據〈英國石油二○二○年世界能源統計回顧〉的統計，在二○一九年全球原生能源組合當中，石油依舊占大宗，占比約

33％，其次是煤的27％還有天然氣的24.2％。能源用途占原油消費的大宗，其中最大用途是運輸。石油的非能源用途主要是作為塑膠製品、合成纖維和橡膠的投入原料，占原油需求的比重15％左右。

運輸業的消費量約占全球石油消費的50％至60％，產業界（包括製造業、農業、礦業和建築業）約占三分之一，剩餘的則屬家庭及商業用途。儘管生物燃料和壓縮天然氣的消費上升，石油產品仍是支配運輸產業的主要燃料。

從一九七○年代第一次石油危機以來，石油占能源供給的比重已大幅降低。石油占能源供給比重降低的其他原因還包括：天然氣火力發電廠的興建成本比石油火力發電廠低，而且對環境較友善（碳排放量較低），另一方面，煤炭通常比石油及天然氣便宜，所以一直是很多開發中國家的首選發電燃料，尤其是國內煤礦藏多的國家如印度和印尼。然而，燃燒煤炭所產生的碳排放量比燃燒石油還要多。

區域趨勢

各國石油的消費趨勢通常和國內生產毛額（GDP）的成長軌道同步移動。然而，從一九七六年起，石油的需求成長速度就一直低於GDP，這意味石油密集度（oil intensity，指增加一單位GDP所需要的石油量）降低。預期這個降低趨勢將不會改變，尤其是在較成熟的經濟體。OECD國家消費占石油總消費量的比重從一九七五年的70％降到二○一九年的47.7％（其中北美占25.6％，歐洲占14.3％，太平洋地區占7.8％，見表3.6）。二○一

四年，非OECD國家的石油消費首次超過OECD國家消費量，這是由於非OECD區域的經濟成長更加強勁（以中國為首），而對氣候變遷的憂慮讓OECD各國普遍為了節能付出努力，尤其是歐洲。

表3.6／石油消費

	二〇〇〇年		二〇一〇年		二〇一九年	
	百萬桶／天	總數的%	百萬桶／天	總數的%	百萬桶／天	總數的%
北美洲	24.1	31.3	24.2	27.3	25.6	25.6
歐洲	15.2	19.8	14.7	16.6	14.3	14.3
太平洋	8.7	11.2	8.1	9.1	7.8	7.8
OECD合計	48.0	62.3	47.0	52.9	47.7	47.7
歐洲其他國家	0.6	0.8	0.7	0.8	0.8	0.8
獨立國家國協	3.8	4.9	4.2	4.7	4.8	4.8
中國	4.6	5.9	9.0	10.1	13.7	13.7
其他亞洲國家	7.7	10.0	10.9	12.3	14.3	14.3
拉丁美洲	4.9	6.4	6.1	6.9	6.2	6.2
中東	5.0	6.4	7.3	8.2	8.3	8.3
非洲	2.5	3.2	3.6	4.1	4.3	4.3
非OECD合計	29.1	37.7	41.8	47.1	52.4	52.3
整體合計	77.1		88.8		100.1	

資料來源：國際能源總署

　　亞洲的成長率最高，二〇〇〇年至二〇年期間的平均消費年增率約4.5％。這個地區的消費量占二〇一九年全球總消費量的28％，比二〇〇〇年不到16％的占比明顯增加。中國熱絡的工業及經濟成長，是促使亞洲地區消費快速成長的主要因素。不包括

中國的話，二〇〇〇年至一九年期間的平均消費年增率約為
3.4%，雖然相比成長力道稍緩但依然強勁。

　　另外，拉丁美洲的消費占比約6%至7%，一直維持相對穩定
的狀態，儘管已經從二〇一四年的近期高峰7.4%下降到二〇一
九年的6.2%，反映了這個區域相對低迷的經濟狀況。（委內瑞拉
過去是一個消費大國，但隨著該國經濟的崩潰，消費也急速下
降。）中東消費占比增加最為明顯，從二〇〇〇年的6.4%上升到
二〇一九年的8.3%；這個區域大方的零售價補貼，是促使原油
消費成長率顯著上升的原因之一。多數政府因擔憂引發社會及政
治動盪，所以並不願意廢除這些補貼，儘管補貼程度已經有所減
少。近幾年來，非洲的消費占比一直逐步上升，但仍然相對低，
才剛超過4%。

貿易

　　石油貿易量和貿易金額比任何原物料商品都來得大，而且，
石油出口量約占其全球總產量的45%左右（二〇一九年）。出口
占比從二〇一〇年的約60%急遽下降，主要原因是美國的產量成
長，且其中大多供其國內使用。原油貿易目前依舊位居支配地
位，但石油相關產品的貿易也漸漸增加。多數石油是藉由海洋
（透過油輪）或是採陸地（透過管線）運輸。油輪是相對低成本
的選項，並讓原油跨洲運送得以實現。

　　頁岩油產量的大幅成長，也代表美國不再是世界上最大的單
一原油進口國，然而美國還是占了二〇一九年全球貿易量的
15%。美國生產的原油以輕質分餾油為主，但許多美國境內的煉

油廠是處理重質油，因此美國仍然有進口需求，且重油通常來自中東。歐洲是現在世界上最大的原油進口者，雖然初步數據顯示中國有在二〇二〇年超越它的跡象，而這趨勢可能維持下去。印度也是當今主要的原油進口國。

至於出口，目前仍是由中東和獨立國家國協（主要是俄羅斯，但哈薩克份額也不低）主導，共占了二〇一九年世界原油總出口量的將近60%（見表3.7）。

表3.7／主要出口國及進口國，二〇一九年

	出口			進口	
	千桶／天	總數的%		千桶／天	總數的%
中東	18,536	41.2	歐洲	10,494	23.3
獨立國家國協	7,584	16.9	中國	10,186	22.7
北美洲	6,722	14.9	美國	6,796	15.1
西非	4,399	9.8	印度	4,451	9.9
拉丁美洲*	4,103	9.1	日本	2,950	6.6

＊包括墨西哥
資料來源：〈英國石油二〇二〇年世界能源統計回顧〉

產量及礦藏
國家與企業

過去四十年間，石油產業的結構已然改變，這些轉變主要是合併及收購活動造成，其中最值得一提的是，雪佛龍－德士古公司（Chevron-Texaco）、埃克森美孚（ExxonMobil）和英國石油艾莫科公司（BP-Amoco）的交易。在一九七〇年代以前，這個產業是受少數幾家垂直整合的國際大型石油企業所主導，它們就

是一般所謂的七姊妹（Seven Sisters，埃克森、殼牌、英國石油、美孚、海灣〔Gulf〕、德士古和雪佛龍）。但目前這些公司占原油產量的比例已剩20%左右。

　　如今，原油資源和產量的所有權及控制權已多半從民間石油企業轉移到各國中央政府或國有企業手中。以資本價值計算，這些民間主要石油企業的規模依舊龐大，但它們掌握的資源所有權卻遠遠不及各國的國營石油企業。沙烏地的沙烏地阿拉伯石油公司（Aramco）、委內瑞拉的委內瑞拉國家石油公司（PDVSA）、伊朗國家石油公司（National Iranian Oil Company）及伊拉克國家石油公司（Iraq National Oil Company）是握有最多石油礦藏的企業（見表3.8）。國有石油企業的發展目標並不一定符合商業目的：有些被當成政府的「搖錢樹」，也有些在方方面面肩負著

表3.8／十大原油礦藏*持有者，二〇一九年		十億桶
沙烏地阿拉伯石油公司	沙烏地阿拉伯	259
委內瑞拉國家石油公司	委內瑞拉	304
伊朗國家石油公司	伊朗	209
伊拉克國家石油公司	伊拉克	145
科威特石油公司	科威特	111
阿布達比國家石油公司	阿拉伯聯合大公國	98
利比亞國家石油公司	利比亞	48
奈及利亞國家石油公司	奈及利亞	37
埃克森美孚**	美國	24
俄羅斯石油公司	俄羅斯	41
阿爾及利亞國家石油公司	阿爾及利亞	12

＊除了埃克森美孚及俄羅斯石油公司（政府持股75.16%）以外，全都是國有企業。
＊＊約當石油（包括部分天然氣）
資料來源：公司報告

「穩定社會」的角色。

　　取得新礦藏的難度愈來愈高，因為確定藏油的地區日益減少，而且這些地區的藏油現在多被國有石油企業把持，因此一些石油巨頭，包括康菲（Conoco-Phillips）、埃克森美孚（皆為美國公司）在內，大量投資美國頁岩油，到目前為止，頁岩油的鑽井主要由初級石油公司負責。也有些石油巨頭，像是英國石油及道達爾（Total）最近也宣布了擴大業務範圍並投資再生能源的計畫。有鑒於再生能源領域並非這些公司所擅長，這些計畫的可行性有待質疑，但施行的方法也是關鍵。

　　石油輸出國家組織（OPEC）於一九六〇年九月在伊拉克的巴格達成立，目的是要統籌反對降低跨國石油企業石油牌價（posted prices）的意見。從那時開始，它的勢力逐漸擴張，甚至意圖成為石油市場的管理者。OPEC希望能藉由平衡世界石油供需，將價格維持在一個目標區間內，所以它分配產量配額——各會員國產量占集體同意之產量上限的比重，這個比重會隨著時間進行調整——給各個會員國，二〇二〇年的會員國包括阿爾及利亞、安哥拉、剛果、赤道幾內亞、加彭、伊朗、伊拉克、科威特、利比亞、奈及利亞、阿拉伯聯合大公國、沙烏地阿拉伯和委內瑞拉（亞洲唯一的會員國印尼在二〇〇八年年初退出這個卡特爾，因為它早在幾年前就已成為石油淨進口國）。事實上，OPEC比世界上多數卡特爾都還要成功，這多半是因為沙烏地阿拉伯有能力且願意犧牲石油產量和收入，扮演OPEC主要的彈性產油國，但其他卡特爾成員有時會利用這一點謀圖私利。

　　然而，OPEC的產量占比一直在下降，二〇一九年，OPEC成員的石油產量僅占世界總產量不到30%（見表3.9），而這可能

是二〇一六年底創建OPEC+的催化劑。OPEC+包括其他十一個不在OPEC裡的產油國，其中到目前為止最大的是俄羅斯。OPEC+占全球石油產量超過50％，因此對價格的影響力更大。OPEC+每兩年舉辦一次會議，儘管二〇二〇年疫情帶來的混亂很

表3.9／石油產量

	二〇〇〇年		二〇一〇年		二〇一九年	
	百萬桶／天	總數的%	百萬桶／天	總數的%	百萬桶／天	總數的%
OPEC合計	27.9	36.4	29.4	33.6	29.8	29.6
沙烏地阿拉伯	8.0	10.4	8.4	10.9	9.8	9.7
伊拉克	2.6	3.3	2.4	3.1	4.7	4.7
伊朗	3.7	4.8	3.7	4.8	2.4	2.3
阿拉伯聯合大公國	2.2	2.9	2.3	3.0	3.1	3.1
非OPEC合計	44.0	57.4	48.7	63.5	59.8	59.4
OECD	21.9	28.6	18.9	24.6	28.5	28.3
美國	14.3	18.6	7.8	10.1	17.2	17.1
獨立國家國協	7.9	10.3	13.6	17.7	14.6	14.5
俄羅斯	6.5	8.5	10.5	13.6	11.6	11.5
亞洲	5.6	7.2	7.8	10.2	7.2	7.2
中國	3.2	4.2	3.8	5.0	3.9	3.9
美洲	3.8	5.0	4.1	5.3	4.8	4.8
中東	2.0	2.6	1.8	2.3	3.2	3.2
非洲	2.8	3.7	2.5	3.3	1.5	1.5
加工增益、天然氣凝析液、生質燃料	4.8	6.2	9.3	12.2	11.0	10.9
整體合計	76.7		87.4		100.6	

資料來源：國際能源總署

可能延續到年底，但這個組織每個月都審查市場狀況以做因應。疫情之以來，OPEC+每天已經大幅減產了970萬桶，形成價格的低點，但由於需求疲軟，至少（走出疫情的）初期未見價格大幅提升。

趨勢、議題與發展

　　二〇一〇年至一九年間，世界年度石油產量平均成長率為1.6％，部分是因為在這十年的大多時間裡，OPEC+在縮減產量應對低迷的需求。而導致供給意外中斷的因素則包括惡劣氣候（美國的颶風季節）、人民起義（利比亞、葉門及敘利亞）、勞工抗爭（挪威）、基於政治目的而進行的制裁（伊朗）等。

　　然而，二〇一〇年至二〇年期間最重要的發展是美國頁岩油產量的急劇上升。頁岩油開發之前，美國石油產量看起來似乎注定將節節下滑，從一九九六年的每天853萬桶，下降到二〇〇八年每天692萬桶的低點，然而，到二〇二〇年三月，美國的產量達到了每天1310萬桶的高峰，幾乎所有增加的量都是以頁岩油的形式供應。技術進步讓頁岩油的生產成本快速下降，進而鼓勵更多鑽井的專案。據估計，二〇二〇年，油價超過每桶45美元時，大多數的美國頁岩項目都是獲利的。雖然中東部分地區的生產成本明顯降低，但現在有許多傳統的石油產地（巴西、英國在北海的專案、奈及利亞）面臨更高的生產成本。雖然二〇二〇年疫情導致原油價格下滑時，頁岩油產量迅速大幅滑落，但如果價格回到適當水平，頁岩油產量同樣可以迅速回彈。頁岩油專案的前置期（一至兩年）比傳統石油專案（四至五年）短，所以，頁岩油

專案應該是比較有彈性的供給來源。

根據沙烏地阿拉伯的報告，該國現有產能可每天生產1250萬桶，而近年來為了遏止全球庫存量的增加並支撐油價，沙烏地阿拉伯的產量一直遠遠低於其生產能力。在該國，生產成本非常低：在二○一九年首次公開發行股票的招股說明會上，沙烏地阿拉伯石油公司聲稱其開採成本僅為每桶2.8美元。然而由於石油是該國主要的財政預算貢獻來源，更令人感興趣的也許是它的財政收支平衡價格（維持該國財政帳戶平衡的價格），據估計此數字在二○二○年為略高於每桶80美元。

伊拉克政府日前設定一項野心勃勃的目標，希望在二○二七年把石油日產量提高到700萬桶（二○一九年的平均日產量僅約470萬桶），這個目標主要是透過一系列和跨國石油公司之間的開發合約來達成。伊拉克已在二○一二年取代伊朗，成為OPEC第二大生產國，不過，生產限制如安全風險和基礎建設瓶頸等問題並未解決。

目前俄羅斯和沙烏地阿拉伯還在競逐全球最大石油生產國的地位，不過，俄羅斯的已知礦藏比沙烏地少很多，僅約880億桶。二○一○年至二○年大部分時間裡，俄羅斯的生產能力明顯逐步提升，已經達到約每天1150萬桶。俄羅斯針對棕色地帶（brownfield，即既有的油田）的開發非常成功，而且新油田（主要分布在西伯利亞東部）也即將投產。天然氣凝析液（Natural-gas-to-liquid，簡稱NGL）產量也大幅上升。俄羅斯生產商近年來受益於盧布價格的疲軟（由於石油是以美元定價，因此賺進了可觀的盧布收入），不像沙烏地阿拉伯那樣施行盯住美元的匯率政策。

二〇一〇年起的十年間，天然氣凝析液的產量持續增加，尤其是OPEC國家和俄羅斯。天然氣凝析液是一種實用的非石油液體燃料，不過，它並無法完美替代原油，而且據報導，它連中間分餾油都無法取代。

石油的市場

世界各地都有主要原油的現貨及期貨市場交易。由於石油種類非常多樣化，所以沒有任何一種原油的價格足以完全代表市場價格。最具支配力量的原油標竿是布蘭特混合油（Brent Blend，北海原油、海上石油）和位於北美陸地的西德州中級原油（West Texas Intermediate）。目前幾乎有70％的全球石油貿易都以布蘭特原油為定價基礎。其他重要的標竿還包括俄羅斯的烏拉爾（Urals，位於俄羅斯）、杜拜／阿曼（阿曼的原油是在杜拜商品交易所出售）、墨西哥的馬雅及奈及利亞的佛卡多斯（Forcados）石油，而且還有其他更多標竿是根據石油的來源或特質而定。

西德州中級原油和布蘭特原油雙雙在紐約的NYMEX和倫敦的洲際交易所歐洲期貨分所（ICE Futures Europe）交易。西德州中級原油的交易價一向都略高於布蘭特，不過這個關係從二〇〇九年起就已逆轉，到二〇二〇年時，布蘭特價格依然略高於西德州中級原油（見圖3.6）。這個情況，反映中東和非洲石油相關的地緣政治風險增大，以及OPEC+的供給限制。這兩個標竿價格之間的價差被密切關注，交易熱絡。

季節性需求波動會影響石油的供需平衡和價格。一般來說，每年第四季的價格都會上漲，因為此時北半球進入冬季，囤積庫

圖3.6／石油價格，每桶／美金

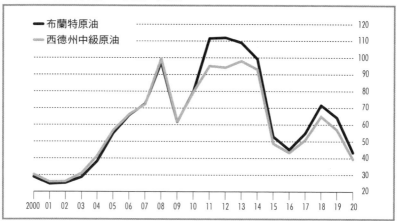

資料來源：路孚特

存的需求上升；到春天時，由於室內暖氣需求降低，油價通常會下跌。然而，隨著非OECD國家的消費增加，這個季節性需求的波動週期漸漸變得不明顯。

　　通常世人將油價的高波動性及瞬間大漲走勢歸咎於石油市場的投機活動，這樣的想法並不為過，因為在二〇〇八年全球金融危機爆發前的那波急漲走勢，投資客製化或結構化衍生性金融商品（期貨或選擇權）的資金的確激起了一波波投機活動。這些衍生性金融商品的設計，原本就是要讓人得以介入石油市場的曝險部位，而衍生性金融商品通常是透過櫃檯市場交易。儘管這些商品並沒有真的購買石油，所以沒有過度囤積石油而導致市場短缺的問題，但期貨價格的激烈波動，卻一樣對現貨價格及現貨市場造成影響。

　　裂解價差（crack spread）是指原油價格和石油製品價格之間的差異，實質上來說，它就是煉油廠的邊際利潤率。我們可以透

過期貨市場的價差交易（spread trade）來買賣裂解價差──作法上是同步購買與賣出原油和某石油製品（通常是汽油或熱燃油）的合約。煉油廠可以透過裂解價差的交易來規避其營運上的價格風險。

價格趨勢

一九七三年以後，隨著市場支配權逐漸由大型跨國石油企業轉移到OPEC手上，石油價格的波動性也就此升高。一九七三年（阿拉伯石油禁運）和一九七九年（伊朗革命及隨之而來的兩伊戰爭）兩場石油危機使價格飆升，但隨後在一九八〇年代中期，由於市場供給過剩，價格崩潰。在兩次波灣戰爭（一九九一年和二〇〇〇年）前後，價格進一步飆升，但供給問題沒有解決，價格總是隨後重挫。

二〇〇〇年代初期，新興市場的需求持續上升（且OECD市場經濟強勁成長），但世界各地的石油生產國卻對增產興趣缺缺，於是，市場供給出現實質的缺口。年度平均油價（布蘭特）從二〇〇二年的每桶25美元上漲到二〇〇七年的每桶73美元。二〇〇八年上半年，由於石油生產地區的地緣政治風險仍揮之不去，加上長期供給疑慮（尤其是非OPEC生產國），油價遂進一步飆漲，在當年七月中抵達近每桶150美元的高峰。後來，由於全球經濟開始出現深度衰退的跡象，油價遂開始重挫，同年十二月，油價只略高於每桶30美元。

此後，在二〇一一年至一四年期間，油價持續超過每桶100美元，部分原因是阿拉伯之春的爆發，以及對其可能導致中東主

要生產國動盪的擔憂。此外，由於伊朗的核子計畫導致該國和西方國家的關係趨於緊張，促使油價繼續表現強勢。高油價刺激了美國頁岩油產業的復興，但隨後因對中國經濟衰退的擔憂，油價在二〇一五年底重挫。然而，這些擔憂沒有實現，油價回升，二〇一八年至一九年間，石油的交易價落在（依標準）非常窄的區間範圍內（每桶60美元至75美元）。二〇二〇年初油價再度下跌，因為針對疫情管控的措施，導致對旅行與各式活動的重大限制，即使OPEC+史無前例地減產，美國的產量也下降，仍然不能阻止年均價格下跌超過30％。

未來展望

- 短期內，預期非OECD國家的石油消費量會隨著人均所得及汽車擁有量增加而穩定上升，然而目前還不清楚這種情況需要多長的時間，才足以抵銷OECD（特別是在歐洲）國家下降的消費量。

- 石化產業的石油使用量一直快速成長，這種趨勢看來會繼續下去。

- 隨著節能觀念及燃料效率愈來愈受重視，消費成長率將受到壓抑，另外，生物燃料的使用以及較廉價碳氫化合物的取代效果等，也有助於壓抑石油的消費成長率。

- 本書撰寫之際，尚不清楚疫情是否會對石油的需求產生長遠影響。似乎在家工作的比例上升速度，以及減少國際商務旅行的頻率，都會對石油需求產生負面影響（過往美國人和歐洲人開車上班的比例分別為80％及70％至75％）。

- 供給面來看，美國拜登政府可能會尋求與伊朗和解，並達成新的核協議。如果美國解除制裁，鑑於伊朗現有的產能及大量儲備，來自伊朗的供給可能快速增加。
- 中期來看，由於交通工具普遍性的電動化，需求可能急劇下滑，也將導致價格因為結構性的改變而下降。
- 低價格將導致成本高的油井被迫關閉，很有可能因此生產活動愈來愈集中在生產成本最低的中東地區。

第四部

農產品

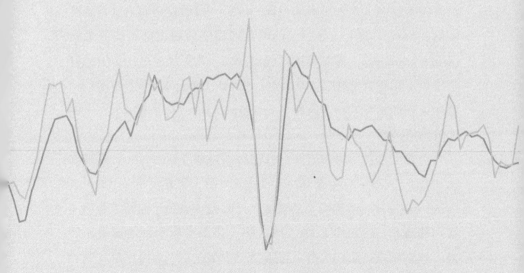

［可可］

　　可可主要生長在世界各地接近赤道的熱帶地區，而且主要都是小型自耕農種植。可可樹需要大量的雨水和陽光，而且需要種在能防強風的環境。主要生產國一年有兩次收成，包括主收成和副收成，副收成也就是一般所謂的中間收成（mid-crop）。可可樹常有病害問題，尤其是真菌引起的疾病，這種疾病通常是在過度潮濕的條件下發生，如對巴西的可可樹造成嚴重破壞的蔟葉病（witch's broom）、黑莢果病（black pod，常見於各地，但非洲特別嚴重）和脈管梢枯病（Vascular-Streak Dieback，簡稱VSD）。諸如東南亞常見的可可細蛾（cocoa-pod borer）等害蟲，也可能造成嚴重破壞。

　　世界上多數可可都是源自於法里斯特羅（Forastero）品種的可可樹，不過，克里奧羅（Criollo）和千里達（Trinitario，Criollo跟Forastero的雜交品種）品種因口味獨特，也有人栽培。可可樹種植三至四年以後才會成熟，接下來產量會連續幾年攀升，達到產量高原期之後，可維持三十年左右，其後產量才開始減少。

　　種植可可樹的農民通常是把可可豆賣給地方的合作社或買家，後者再把可可豆轉賣給研磨廠。這些研磨廠有可能隸屬本地企業，也可能是外國買家，後者會將可可豆運送到海外，不過，

有愈來愈多外國企業選擇在種植可可的國家營運。某些大型研磨廠本身也是貿易公司（像是路易達孚〔Louis Dreyfus〕），但往往沒有參與巧克力或糖果糕點等最終階段產品的製造。

加工及產品

可可豆經過清潔、烘焙後，便可研磨為可可漿，而可可漿會進一步被加工為兩種中間產品：可可脂和可可粉。超過90％的可可最後是用來製作巧克力、其他糖果糕點、烘焙產品和飲料，剩下的則被使用到醫藥和化妝品產業，而這個用途一直在成長。可可脂、可可漿和可可粉混合後，再加入其他原料——主要是牛奶和糖——便可製成巧克力。

在過去，可可生產國會把多數可可豆外銷，在最終市場進行加工，尤其是歐洲和美國。然而，近幾年為了提高生產活動的附加價值，生產國的可可豆研磨業務明顯擴張。（儘管如此，可可豆有時比半加工的可可更好賣，因為生產可可相關製品的廠商通常會混合使用幾種不同的豆子。）

生產國的研磨業務大約占二〇一九／二〇年度全球總研磨量的46％（可可的收成年度為十月至隔年九月），比二〇〇五／〇六年度的37％上升。為鼓勵在國內進行可可豆加工，並吸引外國糖果糕餅公司來投資，印尼從二〇一〇年開始針對未加工的可可豆課徵出口稅。對外國企業來說，生產國的勞動成本較低是吸引它們投資本地加工業的重要誘因。

雖然加工企業之間的合併與收購讓生產效率得以提升，不過，這也導致目前整個研磨製程遭到少數幾個大型跨國企業把

持，包括阿徹丹尼爾斯米德蘭公司（Archer Daniels Midland，美國）、百樂嘉利寶公司（Barry Callebaut，比利時）、布倫莫公司（Blommer，日本）、佩特拉食品公司（Petra Foods，新加坡）和嘉吉公司（Cargill，美國）。

消費與貿易
區域趨勢

　　根據統計，二〇一六／一七到二〇一八／一九年度，可可的研磨業務（消費的指標）強勁成長，年均成長率為5.1％，部分原因是二〇一六／一七年度的大豐收讓庫存水位明顯上升。終端消費量可能成長相對較少，約為每年2％，但由於庫存變化與各國衡量產品的可可含量的方式有所差異，終端消費量很難評估。所有跡象都顯示，二〇二〇年的消費量會暴跌，因為疫情導致的封城會使得可可的最大市場（美國與歐洲的餐旅業）關門大吉。像是婚禮之類的慶祝活動通常是可可的重要消費者，飯店和咖啡館亦然。如果經濟需要一段時間從疫情中復甦，大家的可支配所得減少，二〇二一年可可的消費狀況可能持續疲軟。可可是少數會因經濟衰退而受創的農業原物料商品之一，因為它屬於奢侈型產品，而非必需食品。根據國際可可組織（International Cocoa Organization，簡稱ICCO）的統計，在二〇〇八／〇九年度全球金融危機期間，可可的研磨業務大幅下降。

　　ICCO估計，二〇一九／二〇年度，歐盟和美國共占可可最終消費的50％左右，較二〇〇二／〇三年度的65.7％下降（見表4.1）。肥胖問題、市場飽和（人均消費已經很高）和零售習慣的

改變（線上購物減少逛街衝動購物的行為）會制約需求。黑巧克力需求的上升——黑巧克力的可可含量比牛奶巧克力高，一般認為比較健康——支撐著整體消費。然而，由於高級／黑巧克力的成本也較高，所以更加容易受經濟循環波動的傷害。黑巧克力大約占巧克力市場的10%。

表4.1／主要可可豆消費國*

	二〇〇九／一〇年		二〇一九／二〇年	
	千噸	總數的%	千噸	總數的%
美國	763	21.0	790	19.5
德國	324	8.9	332	8.2
法國	229	6.3	218	5.4
英國	229	6.3	213	5.3
日本	155	4.3	176	4.3
俄羅斯	200	5.5	195	4.8
巴西	178	4.9	178	4.4
西班牙	105	2.9	118	2.9
義大利	89	2.5	97	2.4
中國	51	1.4	82	2.0
其他	1,308	36.0	1,658	40.9
合計	3,631		4,057	

*收成年度十月至隔年九月
資料來源：國際可可組織

新興市場的可可需求成長率較高，不過，這些市場的基期很低。開發中市場可可消費量的上升導致可可粉的需求增加（用在巧克力餅乾、蛋糕和飲料），至於在歐美很受歡迎的產品，諸如巧克力糖果糕點等可可脂含量高的產品，其銷售並沒有同等成

長，部分原因是，在溫暖的氣候中這些產品保存不易，而這個現象也讓可可產品的需求面出現結構性改變。

貿易

二〇一九年，超過75％的世界可可產出是供外銷用（二〇一一年此比例為85％），有些是出口原豆，有些則是出口加工產品，多數生產國本身都只是這項原物料商品的小型消費國。不過，其中也有一些例外，包括巴西，它甚至有幾年變成淨進口國，例外的還有墨西哥和哥倫比亞。主要出口國象牙海岸、迦納、奈及利亞、厄瓜多和喀麥隆等，大約占二〇一九年度可可豆外銷總量的87％（見表4.2），非洲外銷量占世界外銷市場的比重高達82％，其中象牙海岸和迦納分占45％與17％。在同一段期間，亞洲的出口占比為5％，拉丁美洲為13.2％。

表4.2／主要出口國及進口國，二〇一九／二〇年度*

	出口			進口	
	千噸	總數的%		千噸	總數的%
象牙海岸	1,572	44.5	荷蘭	1,030	24.3
迦納	595	16.8	德國	674	15.9
奈及利亞	321	9.1	美國	417	9.8
厄瓜多	296	8.4	比利時	359	8.4
喀麥隆	284	8.0	馬來西亞	333	7.8

資料來源：國際可可組織

二〇一九年，歐洲（主要是歐盟）進口量約占世界進口的63％，美國為9.8％。亞洲（含日本）則占21.6％，相比二〇〇〇

年的不到8%明顯增加。

產量及庫存

可可的生產高度集中在世界上某些特定地區,尤其是在西非。可可只能在特定區域種植,全球四分之三的可可是在赤道八度以內的地區種植。自二〇一〇／一一年度以來,全球產量停滯不前,雖然在二〇一六／一七年度有所回升,並在二〇一八／一九年度達到470萬噸的新紀錄,然後在二〇一九／二〇年度回落至460萬噸。

象牙海岸是最主要的生產國,占二〇一九／二〇世界年度總收成的45%(見圖4.1)其產量在多年的內戰後強勁反彈,二〇一八／一九年度達到220萬噸新高。可可腫枝病(swollen shoot

圖4.1／可可產量*,二〇一九／二〇年度

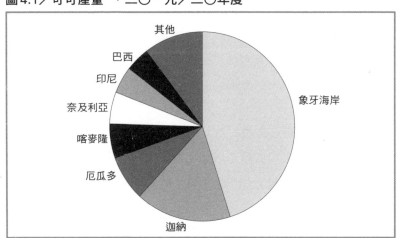

*收成年度十月至隔年九月
資料來源:國際可可組織

disease）因為殺蟲劑的使用相對減少而加劇（多年來相對疲軟的可可價格降低了農民的收入以及購買殺蟲劑的能力）。雖然有一個穩定基金用來保護農民的收入不受價格波動的影響，但似乎不是很成功，根據報導，象牙海岸大部分地區的農民都生活在貧窮線之下。

二〇二〇年，為了改善農民生計，象牙海岸和迦納政府採取行動，在遠期合約的市價基礎上徵收每噸400美元的「生活收入差額」；然而，實際情況證明這個徵收措施引起很大爭議，讓巧克力製造商爭相從其他來源購買可可。由政府制定的官方農場交貨價（farmgate price）將會在二〇二〇／二一年度提高20％以上，可能導致這個行業出現重新投資及產量激增的情況。

其他西非國家——尤其是迦納和喀麥隆——的產出則是從二〇一六／一七年度起持續增加，受益於同樣合適的氣候條件。然而，迦納的可可部門需要重新振作，因為大約40％的可可樹是被評估為沒有產量的，但資金的取得難度也頗高。

然而，個別西非國家收成量的評估值可能有被扭曲的嫌疑，因為農民為了爭取較高的可可豆出售價，常有跨國走私的行為。總體來看，西非四大生產國約占二〇一九／二〇年度全球產出的73％。

拉丁美洲的可可產量一直持續成長，部分是出於巧克力製造商渴望減少對西非的依賴（以避免西非出現不利的氣候時，直接大幅減少全球供應量）。經過近幾年產量的快速成長，厄瓜多現在是全球第三大可可生產國，而且其生產的可可品質佳，跟西方市場高級巧克力占比上升的趨勢相襯。

可可產量缺乏彈性，無法立即回應價格的波動，因為要建立

一片具商業生產力的種植區，得花上好幾年的時間。然而，需求強勁時，增加化學肥料和農藥的使用有助於提高產收率。

然而，自二○一五年以來，庫存水準一直穩定上升，市場的供給相對充足。一般來說，以前多數庫存都掌握在進口國手中，尤其是西歐的主要入口港，不過，近幾年由於生產國的加工業務持續成長，情況已經轉變。

可可的市場

倫敦（洲際交易所歐洲期貨分所）和紐約（紐約期貨交易所〔NYBOT〕）的股票交易所都有交易可可期貨，而期貨交易是可可現貨交易的重要參考。價格標竿由倫敦及紐約的交易所設定，所以生產國或買家都難以操縱本地市場的價格。

近幾年來，期貨市場各種投資基金的活動，對可可的短期價格波動造成非常顯著的影響。二○○七年中至二○○八年中，可可價格大漲50％，以及後來可可價格因全球經濟成長趨緩而大跌，都得「歸功於」這些基金。

價格趨勢

即使把原物料商品的價格變化當標準，可可的價格也是相對波動較大的。部分導因在於它的供給集中來自少數幾個生產國，所以，一旦任何一個大生產國遭遇惡劣氣候或人民抗爭（會導致產出或貿易中斷）等問題，市場供給就可能短缺。可可市場上的金融投資者也加劇了可可市場的價格波動性。

二〇一六／一七年度，由於作物豐收、需求低迷，年均價格暴跌（見圖4.2）。隨後雖然好轉，但二〇一九年相比二〇一五年，價格仍低約30％。然而，二〇一九年的價格正在上升，但二〇二〇年疫情也導致需求下滑，改變了樂觀的趨勢走向；儘管如此，二〇二〇年的年均價仍略高於前一年。

圖4.2／可可庫存與價格

＊二〇二〇年庫存數據為暫定的數據
資料來源：國際可可組織、世界銀行

未來展望

- 近年來，全球價格低迷促使農民考慮轉耕作其他作物，並讓其子女轉從事其他行業。
- 「生活收入差異」是提高農民收入的一種嘗試方法，但也有激勵生產的風險，可能導致價格進一步受挫。
- 聖嬰現象（一種全球氣候現象）經常會對短期供給造成衝

擊。嚴重的聖嬰現象可能造成乾旱的氣候,傷害到印尼(偶爾西非)的可可亞種植場,同時為厄瓜多和巴西帶來嚴重降雨。相對之下,西非可能是在聖嬰現象下有利生產的產地。

- 近幾年全球經濟緩慢成長導致消費者對價格斤斤計較,這促使很多糖果糕餅製造商放棄使用可可脂,轉採較廉價的蔬菜油替代品(如棕櫚核仁油)以降低成本;此外,許多西方國家的零食製造業者也持續減少巧克力糖的尺寸,作為遏制肥胖現象的努力。這兩種趨勢都會影響可可的需求面。

［咖啡］

　　咖啡豆其實並不是豆子，而是藏在一種熱帶樹木果實（因咖啡樹的果實外表鮮紅光亮，故又被稱為 cherry，即咖啡櫻桃）裡的種子。這種樹木大量生長在亞洲、非洲和拉丁美洲國家。國際上交易的咖啡主要有兩類，包括阿拉比卡咖啡與羅布斯塔咖啡（robusta）。阿拉比卡咖啡樹生長在高海拔地帶，通常是種在火山土裡，由於這種咖啡樹的種植難度和種植成本都比較高，所以它生產的咖啡豆也較昂貴。羅布斯塔咖啡樹成長在較低海拔，豆子的口味較濃烈，不過一般認為它的香氣較遜色。很多國家同時生產這兩種咖啡，至於咖啡的種植者，有很多小型自耕農，也有很多大型農場和集團，大型業者尤其常見於拉丁美洲和肯亞。

　　咖啡農和可可農一樣，通常會把豆子（也稱生豆，是烘焙前的稱呼）賣給當地的合作社或買家，接著，後者再將生豆外銷到消費國，進行烘焙或加工。最後，烘焙業者再直接把咖啡豆賣給零售商。

加工與加工者

　　咖啡有兩種主要的加工法：包括用在多數羅布斯塔咖啡和某些阿拉比卡咖啡（主要最終用途是用在混合及即溶咖啡）的「乾

燥」法，和用在多數阿拉比卡及某些羅布斯塔咖啡的「水洗」法。水洗處理過的咖啡（又稱溫和類的咖啡），最適合用來製造濾滴式咖啡，主要是在哥倫比亞、中美洲、墨西哥、肯亞和坦尚尼亞生產。乾燥法咖啡比較苦一點，最適合製造濃縮咖啡，多半在巴西和衣索比亞生產。一般經常把這兩種咖啡混合在一起。

多數加工作業仍是在最終消費國進行，然而，近幾年加工業務的成長多數來自咖啡生產國。

消費與貿易
區域趨勢

二〇一三／一四年度及二〇一八／一九年度（九月至隔年十月）期間，世界咖啡消費平均每年成長 1.6％，成長主要來自原本沒有飲用咖啡傳統的國家，如越南、泰國、菲律賓和印尼。由於這些國家是咖啡出口國，人均所得持續上升，所以對咖啡的消費也隨之增加。儘管新興市場有所成長，但全球咖啡很大一部分的消費依然是在歐盟（27％）及美國（16％）。

西方咖啡市場的特點是人均消費高，因此在總消費量方面接近飽和。然而，消費趨勢正在發生變化，除了大型連鎖品牌咖啡館（如星巴克）之外，西歐有愈來愈多小型「主打咖啡的店」（coffee-focused shops），二〇一九年，這些商店的平均零售額相比二〇一〇年成長了 50％。相較之下，咖啡館（提供更多種類的食物、飲料）在同時段的銷售額下降了 17％。「主打咖啡的店」更著重於提供像是公平貿易、單一產地、環境友善或有機的咖啡。歐洲的消費者願意為這些類型的咖啡支付更高的費用，使得

這類型的咖啡市占率持續上升。

　　此外，家用咖啡設備也在擴大，尤其是單杯膠囊咖啡機，讓消費者能自己在家調理過去只有在咖啡館才喝得到的風味。這也促使成熟市場逐漸擺脫即溶咖啡。全球來看，咖啡膠囊的銷售額正在接近即溶咖啡及研磨咖啡的總和，不過咖啡膠囊的成本較高，表示即溶咖啡與研磨咖啡的市場仍然比較大。二〇二〇年，咖啡機跟膠囊的銷售大幅回升（反映了在家上班的人數不斷增加）。這表示膠囊咖啡市場將繼續成為阿拉比卡咖啡總需求的重要支柱（絕大多數的膠囊咖啡都是以阿拉比卡咖啡品種為主）。此外，冰咖啡或是冷萃咖啡等替代性咖啡飲品的行銷與消費也都有顯著成長。

　　儘管近期有穩定成長，全球咖啡的消費量還是受到疫情影響，在二〇二〇年急速下探，因為封城措施讓許多咖啡館與餐廳關閉。儘管高所得國家的整體咖啡消費缺乏彈性，對價格假敏感的顧客，改採更便宜的混合咖啡取代高品質的咖啡也是可能的。

　　二〇一九／二〇年度，巴西是世界上僅次於美國的第二大咖啡消費國，消費量為2060萬袋（見表4.3）。當地的消費成長率近年來相當強勁，人均消費量位居世界第五。自二〇一五年以來，巴西的年輕人口及經濟成長推動了消費。在家消費是主要的形式，如果巴西的咖啡館文化變得更流行，消費量可能進一步推升。其他出口國的消費也大幅成長，包括衣索比亞、墨西哥和越南，這些新興市場的城市化程度上升、咖啡文化的逐漸形成以及民間消費的高度成長，讓咖啡需求得以維持不墜。不過，以中國的規模來說，一年區區60萬袋的消費量，實在是極低。

表4.3／主要咖啡消費國*

	二〇〇九／一〇年		二〇一九／二〇年**	
	百萬袋（六十公斤一袋）	總數的%	百萬袋（六十公斤一袋）	總數的%
歐盟	41.2	30.5	43.0	27.2
美國	21.2	15.7	25.6	16.2
巴西	18.4	13.6	20.6	13.0
日本	7.0	5.2	7.2	4.6
印尼	3.3	2.4	4.6	2.9
俄羅斯	3.1	2.3	4.2	2.7
加拿大	3.3	2.4	4.1	2.6
衣索比亞	3.2	2.4	3.6	2.3
墨西哥	2.2	1.6	2.4	1.5
南韓	1.6	1.2	2.3	1.5
其他	30.7	22.7	40.5	25.6
合計	135.2		158.1	

＊定義為淨消失數
＊＊初估數據
資料來源：國際咖啡組織

貿易

　　根據美國農業部（US Department of Agriculture，簡稱USDA）的數據，巴西是迄今世界最大出口國，約占二〇一九／二〇年度全球出口的三分之一，其次是越南和哥倫比亞，市占率分別約21%和10%（見表4.4）。

　　美國是二〇一九年最大的單一進口國，大約占總進口量的23.4%。德國是第二大進口市場，但歐盟進口量總計共占全球的

表4.4／主要出口國及進口國，二〇一九年

	出口			進口	
	千袋（六十公斤一袋）	總數的%		千袋（六十公斤一袋）	總數的%
巴西	37,379	31.0	歐盟	49,075	42.2
越南	24,700	20.5	美國	27,150	23.4
哥倫比亞	12,500	10.4	日本	7,370	6.3
宏都拉斯	6,910	5.7	加拿大	3,135	2.7
印尼	4,907	4.1	俄羅斯	3,070	2.6

資料來源：美國農業部

42％。日本也是重要的進口需求國。

　　以前咖啡是以最原始的生豆形式外銷，不過，有愈來愈多生產國開始從事加工業務。然而，加工過的咖啡無論是運送費用或進口關稅都可能比較高，而且買家通常希望能加強對烘焙製程的掌握度。儘管如此，咖啡生產國的即溶咖啡（約當生豆）出口還是持續增加。由於咖啡產業主要是受少數幾家跨國企業掌握，尤其是雀巢（Nestlé，瑞士）、莎莉／都伊艾格堡（Sara Lee/Douwe Egberts，美國）和卡夫食品（Kraft，美國），所以咖啡農影響價格或整體市場的力量也相對降低。

產量及庫存

　　二〇一三／一四年度至二〇一八／一九年度間，全球咖啡產量平均年成長率只有1.2％，這與之前五年約5％的年增率明顯降低。這反映出缺乏投資（主要是巴西）及一系列氣候干擾等問題

對供給的影響。二○二○年疫情期間，全球產量也受到衝擊，尤其仰賴移工的採收人力出現缺口。

　　到目前為止，巴西是世界上最大生產國（見圖4.3），二○一九／二○年度的全球產量占比約36％（是巴西以兩年為期的生產週期中的淡季）。在過去，巴西的阿拉比卡咖啡產出的變化有顯著的淡、旺季之分，進而可能導致全球供給出現季節性短缺或過剩。不過，近幾年來其他供應國的產量強勁成長——尤其是越南，所以咖啡市場受巴西產量影響的程度已經不那麼高。此外，巴西北部栽種區的擴大，也部分減輕了南部栽種區霜害造成的影響。結合更先進的灌溉技術，能縮小巴西淡、旺季的產量差別，讓波動降低至5％以內。

圖4.3／咖啡產量二○一九／二○年度

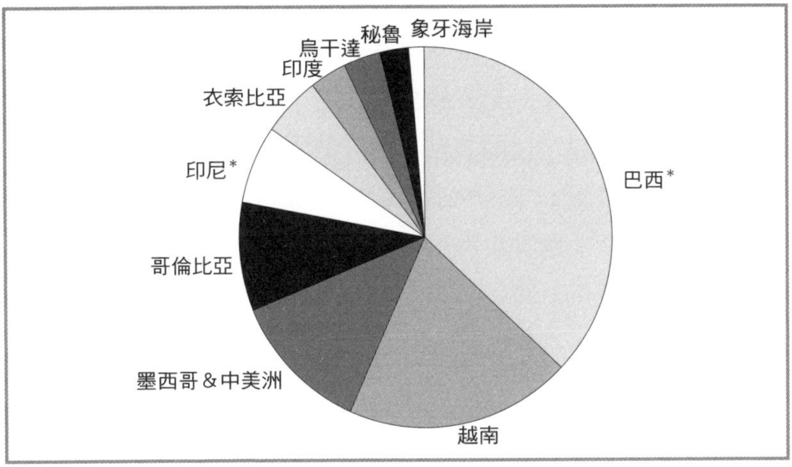

＊收成年度四月至隔年三月
資料來源：國際咖啡組織、美國農業部

　　哥倫比亞、秘魯、厄瓜多、墨西哥和中美洲也都是重要的咖

啡種植區域，而近幾年哥倫比亞的產出提升受惠於二〇一二年啟動的土地再生計畫，躍升為世界第三大咖啡生產國。此外，哥倫比亞政府還通過了一項數百萬美元的計畫，為小型農民緩衝因阿拉比卡咖啡市價波動帶來的影響。短期的未來，預估哥倫比亞的咖啡產量會上升，但長期來看，在氣候變遷的挑戰面前，阿拉比卡咖啡的生產還是脆弱、易受衝擊的。

亞洲（主要是印度、印尼和越南）的產出大約占全球產出的30％。儘管傳統的供應國印尼產出停滯，但越南及印度的產量卻強勁成長，尤其是越南。越南的咖啡（羅布斯塔）產量持續因咖啡種植及農田維護工作改善而增加。目前它已是世界第二大的咖啡出口國（這反映出其國內消費量非常低）及第二大生產國，二〇一九／二〇年度的收成為3000萬袋。為了維持當前的產量，越南農民需要開始替換掉約三分之一的老咖啡樹，並對未來氣候變遷可能為產出帶來的風險做準備。

非洲的咖啡農業向來受投資匱乏之苦，而且不時遭到人民暴動因素衝擊，所以，目前該區域可外銷的供給量占全世界總出口量的比重僅略高於12％。然而，這個地區有很多國家——包括烏干達、坦尚尼亞（國家對農民授信）及喀麥隆——都已擬定了非常積極的擴大種植計畫。另外，象牙海岸歷經人民暴動所造成的供給中斷後，咖啡產量也有所增加。

咖啡的市場

咖啡的主要國際期貨市場位於紐約（阿拉比卡）及倫敦（羅布斯塔）。另外，聖保羅和東京也有非常大的咖啡期貨市場。紐

約和歐洲的勒哈佛爾（Le Havre）、馬賽（Marseilles）、漢堡（Hamburg）及不來梅（Bremen）等地也有生咖啡豆現貨交易。而且，目前網路上也有非常成熟的特級阿拉比卡咖啡拍賣市場。

價格趨勢

幾十年來（一九六〇年代至一九八〇年代），咖啡價格一直都受到國際咖啡協議控制，這項協議希望能藉由管理出口量，將價格維持在消費國及生產國都能接受的水準。一九八九年七月起，這項干預行動結束，後續咖啡價格也因巴西及越南大幅增產而受重創。

二〇〇八至〇九年間，儘管全球經濟走下坡，但咖啡價格卻意外相對抗跌且迅速反彈，這多半是拜收成不佳之賜，這意味從二〇〇七／〇八年度至二〇一一／一二年度的五個年度，咖啡市場其實是處於供給不足的狀態。價格在二〇一一年達到每公斤6美元的年度平均價格。然而，由於供給面改善，加上這段時間的消費成長率不高（價格偏高可能是原因之一），導致咖啡價格又在二〇一二至一三年大跌。咖啡價格在二〇一六至一九年間持續下跌，而隨後對於越南的低產量以及疫情導致的庫存，起碼到二〇二〇為止，價格被往上推高（見圖4.4）。

未來展望

- 進入二〇二一年之後，全球庫存水位仍高，產量也將強勁成長，表示價格在二〇二〇年跳升之後可能回落。

圖4.4／咖啡庫存及價格

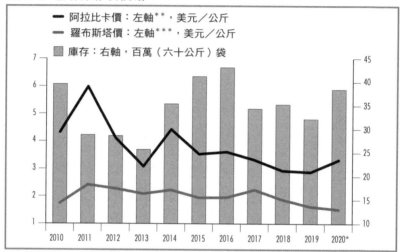

- 阿拉比卡價：左軸**，美元／公斤
- 羅布斯塔價：左軸***，美元／公斤
- 庫存：右軸，百萬（六十公斤）袋

＊庫存數據初估
＊＊國際咖啡組織其他溫和類咖啡指標
＊＊＊國際咖啡組織羅布斯塔指標
資料來源：世界銀行、美國農業部

- 供給量應該會繼續溫和成長，尤其是在印度，因為其咖啡生產商家數和種植面積都持續攀升。然而，天氣的不可控仍是棘手問題，每年的產量依然很可能維持高度波動。

- 全球咖啡消費展望並不特別樂觀，因為多數OECD成員國（尤其在歐洲）的成長率將明顯低於非傳統市場（主要位於開發中國家）一段時日。

［棉花］

　　棉花是一種柔軟的纖維，生長在各種不同的棉屬（*gossypium*）植物上，而棉屬植物屬於錦葵（mallow）科的植物。人類耕種的棉花植物主要可分為四種：原產於中美洲的陸地棉（*Gossypium hirsutum*），約占世界產量的90％；一種秘魯原生種；一種中東及非洲原生種；還有一種原生於南亞的樹棉。棉花長在棉花樹種子的周圍，目的是保護果莢或珠萌，它幾乎是一種純纖維質，這代表它的質地柔軟、透氣，而且很能吸收濕氣。

　　以前棉花是靠人工採收，過程非常艱苦。不過，現在採收已機械化。一旦收成，必須梳理棉花並去除種子，以前這道程序也是用人工來完成，但現代人改用棉花打樁機來處理將用於紡紗的棉花。棉花通常會被紡成絲狀，以便製造紗線或棉紗。中間加工作業可分為非常多階段，包括紡紗、編織、縫合、染整、成布及成衣製造等。

消費與貿易
區域貿易

　　儘管棉花面臨其他天然纖維如羊毛、亞麻、黃麻及竹子等的競爭，但更嚴厲的競爭壓力其實是來自合成（石化相關）及人造

（纖維素相關）纖維，所以，如今棉花在諸如窗簾網布、運動服裝、男用針織品及工藝紡織品的用量已非常小。現在，生產商在製造很多其他產品──如針織襯衫──時，通常會把棉花和其他纖維（主要是聚酯纖維）混紡在一起。二〇一九年時，棉花消費占世界纖維消費量的25％左右，而一九九〇年和一九六〇年時，占比分別為接近一半和70％。

大約有60％的棉花消費是用來製造衣物，主要是牛仔褲、襯衫和T恤。另外，還有很高的比重（將近30％）是用來生產家用紡織品，像是毛巾、餐桌用布、床單、窗簾和家飾編織品等。其他用途包括非編織產品如脫脂棉、繃帶，以及其他工業產品如棉紗、帆布等。

歐洲、日本和美國的棉花消費長期呈現下降趨勢，因為相關製造業務已遷移到世界上較低成本的地區，尤其是亞洲。一九九四年北美自由貿易協定（North American Free Trade Agreement，簡稱NAFTA）促使墨西哥和加勒比海國家紡織業對棉花的用量大增，這主要為了出口服飾到美國。然而，從二〇〇五年起，這些國家的市占率又因更低成本的競爭（主要來自中國）而降低。

中國在二〇〇一年十二月加入世界貿易組織（WTO）後，其紡織及成衣產業便明顯成長。二〇〇五年一月一日《紡織及成衣協定》（Agreement on Textiles and Clothing，簡稱ATC）終止後，影響更加明顯，自此之後，中國及印度半島的出口就更大幅增加了。

目前中國仍是世界上最大的棉花消費國，約占二〇一九／二〇年度（收成年度為八月至隔年七月）全球總消費量的32％，但若以量計，中國的消費量相比十年前減少了30％（見表4.5）。然

而，過去十年棉花價格幾次飆升，加上有進口原棉的需要，中國紡紗業開始放棄棉紡，轉作純人造纖維或棉花及人造纖維混紡的產品。中國工資的上漲，也讓國際紡織業紛紛轉移到成本更低的區域。

表4.5／主要棉花消費國*

	二〇〇九／一〇年		二〇一九／二〇年	
	百萬噸	總數的%	百萬噸	總數的%
中國	10.50	41.7	7.25	31.8
印度	4.35	17.3	4.45	19.5
巴基斯坦	2.50	9.9	2.08	9.1
土耳其	1.30	5.2	1.48	6.5
孟加拉	0.82	3.3	1.37	6.0
印尼	0.48	1.9	0.65	2.8
巴西	0.98	3.9	0.61	2.7
烏茲別克	0.25	1.0	0.58	2.5
其他	4.02	16.0	4.36	19.1
合計	25.20		22.83	

＊七月三十一日為年底
資料來源：國際棉業諮詢委員會

　　印度是第二大消費國，市場占有率為將近20％。然而，印度的紡織業限制重重。首先，這個產業在印度由小公司主導，特徵是技術落後以及基礎設施的瓶頸。此外，近年來還面臨孟加拉日益激烈的競爭。孟加拉的勞動力成本同樣低廉，而且還有進入歐洲以及日本市場的免關稅待遇。

　　孟加拉的棉花消費量在過去二十年間成長迅速，與服飾製造業的強勁成長同步。該國為這項產業的外國投資者提供租稅誘

因，而且擁有年輕且成長中的勞動力。然而，近年來，有關其工廠的安全設備缺乏、勞動條件普遍惡劣等等的負面新聞報導不斷出現。

　　疫情導致的封城及經濟下行，使得二〇二〇年的綿花消費量下降。由於服飾並非必需品，因此服飾零售業的大規模關店也導致銷售額下降。而（尤其是）已開發國家線上服飾消費的強勁成長，只能部分緩解需求面因為疫情導致的負面影響。

貿易

　　棉花出口量約占二〇一九／二〇年度世界棉花產量的45％。美國向來是原棉的最大出口國，同年約占世界出口的38％（見表4.6）。僅次於美國的出口國是巴西，占比約為22％。儘管非洲法郎區（franc zone）國家都是一些個別的小型生產國，但它們目前在出口市場的重要性日益上升。有些國家——尤其是印度——有時為了保護其大型紡織產業而限制棉花出口，這種作為可能扭曲市場機制，也會形成一股決定價格的強大力量。

　　中國為世界最大的進口國，占二〇一九／二〇年全球進口量的18％。其他東亞及東南亞國家——印尼、巴基斯坦、孟加拉和越南——也都是大型進口國，多數案例裡，反映出它們是紡織工廠低成本的所在地。亞洲進口量約占二〇一九／二〇年全球貿易量的74％。

表4.6／二〇一九／二〇年＊主要出口國及進口國

	出口			進口	
	千標準包 （一包約480磅）	總數 的%		千標準包 （一包約480磅）	總數 的%
美國	15,527	37.9	中國	7,136	17.8
巴西	8,937	21.8	孟加拉	7,000	7.0
印度	3,200	7.8	越南	6,480	5.3
希臘	1,467	3.6	土耳其	4,672	4.5
澳洲	1,360	3.3	巴基斯坦	3,975	2.8

＊七月三十一日為年底
資料來源：國際棉業諮詢委員會

產量

　　印度跟中國都在爭奪「世界最大生產國」的頭銜，但中期來看，印度更可能穩坐這個寶座。一般來說，這兩國加總的棉花產量占全球將近一半，而且兩國現在的棉花產量都明顯高於美國，美國在二〇〇二／〇三年度之前，是世界最大的棉花生產國（見表4.7）。近年來整體產量不再成長，不僅僅是因為惡劣的天氣，也因為棉花是生產成本較高的作物，尤其是在發展中國家，栽種時仍仰賴人力勞動，而需求成長的疲軟以及在歷史低點水位的價格也是原因。

　　美國政府對棉花生產者及出口商提供補貼；近幾年來，這個作法引發非常多爭議，巴西和非洲國家不斷對這些補貼提出質疑。儘管歐盟國家——尤其是西班牙和希臘——也都提供補貼，但因它們的產出規模小，所以補貼作為並未成為爭論的焦點。中

表 4.7／主要棉花生產國 *

	二〇〇九／一〇年		二〇一九／二〇年	
	百萬噸	總數的%	百萬噸	總數的%
中國	6.85	31.1	6.07	23.2
印度	5.02	22.8	5.80	22.2
美國	2.65	12.0	4.34	16.6
巴西	1.15	5.2	3.01	11.5
巴基斯坦	2.03	9.2	1.32	5.1
非洲法郎區	0.46	2.1	1.30	5.0
烏茲別克	0.85	3.9	0.64	2.5
其他	2.99	13.6	3.64	13.9
合計	22.00		26.12	

＊七月三十一日為年底
資料來源：國際棉業諮詢委員會

國也實施生產者獎勵措施，不過，由於中國是棉花的淨進口國，所以它提供獎勵的作法也未被視為扭曲市場的行為。印度和很多非洲生產者為農民提供最低支持價格，但補貼的程度通常很低。

　　目前基因改良作物已愈來愈普遍，尤其是印度，這種棉花作物約占其產量的90％，儘管廣泛種植基改作物，但印度的產量在二〇一八／一九年度因為紅鈴蟲（pink bollworm）的肆虐而重挫。這也點出了一個問題：印度是否真的栽種基因改良作物（因為種植基因改良作物的其他地區並未遭受蟲害），還是沒有遵從最合適的農作實踐方法。

　　自從蘇聯瓦解後，東歐及中亞的棉花產量一度下降，不過，目前烏茲別克、土庫曼、塔吉克和哈薩克的產量已經恢復，而且，這些國家向來頗具價格競爭力。然而，在烏茲別克，棉花產業是國家所有，關於強迫勞動以及童工的報導已為人周知，一些

全球企業抵制其生產的棉花。非洲法郎區國家的產量因低價（最初）及不正常的季節性降雨而受創。然而，由於它們對這個產業的投資相當積極，所以目前收穫量已開始增加。

棉花容易受害蟲感染，所以必須大量使用除草劑和農藥。過去十年間，種植者已開始生產價格昂貴許多的有機棉花，由於在棉花生長過程中完全不使用農藥，而且收成時不使用剝削勞工的作法，所以這種棉花也被稱為「道德」有機棉。

棉花的市場

棉花指數（Cotlook A index）是國際公認的棉花現貨交易標竿價格。它是根據亞洲市場可取得的五種最便宜的棉花計算而來。紐約的洲際期貨交易所也有棉花期貨及選擇權交易。世界各地大約有二十個棉花交易所，分別位於有從事原棉交易的生產國及消費國。

棉花的等級是依照原產國、纖維長度、細緻度和成熟度來畫分。目前已有客觀的分級條件，其中最受重視的是馬克隆尼纖維品質排名（micronaire ranking of fibre quality）。

價格趨勢

棉花價格會受到其他工業原料的價格趨勢、其他可替代產品（羊毛及人造纖維）的價格、紡織產業發展、美元價值以及和棉花有關的基本供需情勢等眾多因素的影響。

在二〇〇三年至〇八年全球經濟強勁成長期間，棉花價格因

中國紡織出口部門的強烈需求帶動，平均年度漲幅達8.6％。因
價格上漲，供給遂開始增加，所以，這段期間的市場漸漸變得供
過於求，庫存也穩定增加。一如所有工業原料的價格走勢，棉花
價格在全球金融危機期間因需求疲弱而下跌，但隨後因為中國大
規模的財政刺激措施導致需求激增，棉花價格隨之急漲。二〇一
二至一五年，隨著中國一次性刺激措施的消退，棉花價格也回落
（見圖4.5），自此，棉花價格在很狹窄的區間徘徊，說明了需求
面整體上缺乏成長動力。

圖4.5／棉花庫存及價格

＊庫存數據為初估
資料來源：世界銀行、美國農業部

未來展望

- 棉花是一種可持續生產的纖維（意思是，它來自作物，可以
  透過再次栽種獲得，多數人造纖維都是石油製品，而石油是

一種有限資源），中期而言，這個特性應該能讓棉花的吸引力提高。

■ 二〇二〇年，油價的崩跌降低了合成纖維的成本，進而對棉花價格造成壓力。如果油價隨著疫情得到控制後而上漲，棉花價格也會因此受惠。

■ 良好棉花發展協會（Better Cotton Initiative）旨在讓棉花的生產更加永續。鼓勵農民在不傷害土壤或進一步傷害環境的前提下，更有效率地使用水、化肥和殺蟲劑。早期跡象顯示殺蟲劑的使用大幅減少。有機棉農作範圍也在擴大中，部分是因為棉花農可以獲得較優異的報酬。

［玉米］

玉米是原生於北美及中美洲的糧食作物，溫暖的氣候、充足的陽光和排水良好的土壤最適合它生長，不過，即使環境條件不是那麼理想，玉米一樣能生長。

用途

每年收穫的玉米約有60％用在動物飼料上，人類的消費量通常只占大約10％。其餘的玉米是用在產業界，主要是生產酒精和澱粉。美國飼料產業向來在飼料使用上占主導地位，但中國的飼料行業在二〇一〇／一一年度超越了美國，占大約17％的全球供給量，美國則占不到13％。包括中國、南歐及東歐、巴西和墨西哥等生產地區，以及日本、南韓等飼養大量家畜的非生產國，都有頗為可觀的玉米消費量。玉米特別適合作為豬隻及家禽飼料，不過，如果小麥、高粱、黃豆或酒糟等工業副產品的價格較低廉時，玉米的飼料用途也可能局部被上述產品取代。

肉類需求愈來愈高，是驅動全球玉米經濟的兩股動力之一。大規模家禽及豬隻農場的建立，讓較低收入的開發中國家也買得起肉品，而這些農場大幅提振了玉米的需求。但自從一九九〇年代末期以來，豬隻及家禽疫病的接連爆發（尤其是在東亞及東南

亞），使得消費者信心下降，甚至導致肉類貿易中斷，而這也進一步使玉米飼料用量及進口量的波動性上升。然而，每次這些負面事件發生後，需求大致上都能很快恢復。

決定玉米需求多寡的另一個主要因素是生物燃料的生產。利用玉米來製造酒精的國家主要是美國，由於政府提供稅額寬減，讓玉米製酒精的製造產能及原料需求大幅成長。而這項用途的玉米需求大增對飼料及食物價格所造成的衝擊，已經在美國國內及世界各地引發種種質疑，很多人認為這個政策是不智的。中國是玉米製酒精的第二大生產國，但只占了全球總產量的3％至4％左右。

消費與貿易
區域趨勢

在二〇一九／二〇年度，全球消費量達到近12億噸，相比十年前增加了近三分之一。人口成長、收入增加及飲食習慣的轉變（轉向攝取更多動物蛋白），共同解釋了玉米消費的快速成長。工業加工業者也使用更多以玉米作為基礎的生物燃料和澱粉產品（用於建築和紙製品）。

美國是世界上最大的消費國，其玉米消費量在二〇一四／一五年度首次超過3億噸，最近的高峰是二〇一七／一八年度的3.14億噸。二〇一九／二〇年度消費量因疫情之故回落（見表4.8）。美國的主要消費產業是飼料及酒精業，占終端用途的50％（二〇一九年）。飼料需求受牲畜飼養數量的週期性變化影響，而這個週期變化則是隨著更廣泛的美國及全球經濟趨勢和玉米價格

表4.8／主要玉米消費國*

| | 二〇〇九／一〇年 | | 二〇一九／二〇年** | |
	百萬噸	總數的%	百萬噸	總數的%
美國	281.0	33.8	307.6	27.3
中國	176.0	21.1	278.0	24.7
歐盟	61.7	7.4	81.0	7.2
巴西	48.5	5.8	68.5	6.1
墨西哥	30.2	3.6	43.8	3.9
印度	15.1	1.8	28.0	2.5
埃及	12.0	1.4	16.9	1.5
日本	15.9	1.9	16.0	1.4
阿根廷	6.9	0.8	13.5	1.2
其他	185.0	22.2	273.5	24.3
合計	832.3		1,126.7	

＊本地交易年度
＊＊初估數據
資料來源：美國農業部

（因為有替代品）波動。

在可再生燃料標準（Renewable Fuels Standard，簡稱RFS）的支撐下，美國的酒精消費量維持不墜，這項標準強制規定汽車用燃料至少要摻入特定最低比例的可再生燃料。二〇一九年時，美國酒精消費量達145億加侖，而銷售的大部分汽油中酒精含量約為10％。其餘部分，包括高果糖玉米糖漿（high-fructose corn syrup，簡稱HFCS）在內的玉米基甜味劑，則是自一九九九年達到消費高峰後一直下降。

中國是世界上第二大玉米消費國，二〇一九／二〇年度共消費了2.78億噸，其中，飼料用途大約占了三分之二。從二〇一〇

年以來，中國的消費量成長了60％。但由於非洲豬瘟（African Swine Fever，簡稱ASF）的爆發，導致大規模宰殺豬隻，二〇一九／二〇年度的消費量則持平。家禽養殖跟水產養殖等其他部門的消費增加，部分緩解了對玉米需求的負面衝擊。

巴西的飼料需求因家禽及豬隻外銷和國內肉品消費增加而上升。阿根廷國內約80％的玉米用作動物飼料。

墨西哥方面，其國產白玉米主要是供人類食用，而非作為飼料。儘管消費者近幾年已改變飲食習慣，但當地歷久不衰的飲食習慣（玉米麵餅）及人口的持續成長，讓玉米作為食材的占比持續上升。墨西哥的黃玉米（多半自美國進口）主要是用於家禽養殖業。

在歐盟地區，玉米多半被用來作為動物飼料，而且用量隨價格及替代產品的可取得情況而定。由於歐洲穀物供過於求的情況從二〇〇〇年代初期就漸漸改善，加上本地供給又起伏不定，所以有時候會需要進口大量的穀物。

自二〇〇〇年以來，玉米的年度消費量平均每年穩定成長3.4％，二〇一九／二〇年度基本上持平，主要是因為疫情的封城措施對美國的酒精消費產生負面影響。這是自一九九五／九六年度以來首次出現年度消費萎縮。假設疫情狀態放緩，需求應會在二〇二一／二二年度回升，但很大程度依然取決於經濟放緩的時間長度與狀態而定。

貿易

因為動物飼料的需求持續增加，世界玉米貿易量得以繼續成

長。二〇一八／一九年度至二〇一九／二〇年度的平均貿易量為1億6500萬噸，大約占總產出的15％。相比二〇一〇年9000萬噸的年度貿易量有所成長。過去幾年裡，由於境內產量不足，導致歐盟的進口量激增。

中國目前是玉米的淨進口國，但自二〇〇四年來實施關稅配額（tariff-rate quota，TRQ），其額度為720萬噸，等於限制了進口需求。墨西哥也是大型採購國（二〇一九／二〇年度約為1653萬噸），進口全數來自美國。

在豐收年度時，多數非洲漠南國家的玉米都能自給自足。不過，如果遭遇乾旱，它們也有可能得進口大量玉米（或以食物援助的模式來取得玉米）。以食品用途為主的非基因改良白玉米通常來自南非。某些國家並不排斥進口基因改良玉米，不過為了避免這類玉米汙染國產玉米品種，它們的政策要求基改玉米必須先在入境口岸碾碎後才能入關。

到目前為止，美國是世界上最大的玉米出口國，二〇一九／二〇年度的出口量約為4517萬噸（見表4.9）。每年約出口10％至20％的產量。它已廢除出口補貼政策，不過，競爭者還是宣稱美國政府換湯不換藥，因為間接支持的效果等同於出口補貼。此外，美國裝載的玉米貨物中，有時會（因疏忽）混雜了未經（進口國）核准的基改品種玉米，進而引發美國和貿易夥伴之間的摩擦。

阿根廷向來是世界第二大玉米出口國，二〇一九／二〇年度的出口量為3700萬噸。它的貨物通常是集中在收成後幾個月裝載，在四月達到高峰，而通常這段時間是北半球的冬季，所以它的競爭對手並不多。阿根廷和主要競爭對手不一樣，該國的玉米

出口必須課稅,而稅收制度的改變,也導致農民現在可能因為更低的生產成本,而更青睞黃豆的種植。與此同時,雖然巴西在某些年分會因為天氣因素影響到收成,而成為進口國,但巴西持續快速成長的玉米產量,仍然使其成為出口市場上的重要參與者。

表4.9╱主要出口國及進口國,二〇一九╱二〇年度

	出口			進口	
	千噸	總數的%		千噸	總數的%
美國	45,173	26.4	歐盟	18,607	11.3
阿根廷	37,000	21.6	墨西哥	16,526	10.0
巴西	35,000	20.4	日本	15,888	9.6
烏克蘭	28,929	16.9	南韓	11,892	7.2
歐盟	4,807	2.8	越南	10,700	6.5

資料來源:美國農業部

產量及庫存

近幾年,世界玉米產出大幅增加,二〇一八╱一九年度時已達11.21億噸,之後在二〇一九╱二〇年度時回落至約11.16噸,主要是因為美國的產量減少。雖然種植面積增加了,但供給的增加主要還是要歸因於高產的雜交種子以及農業施作的改良。到目前為止,美國還是最大生產國,約占世界總產出的31%(見表4.10)。美國玉米多數種植在中西部「心臟地帶」(Heartland),伊利諾州和愛荷華州合計共占三分之一的產量。種植面積從一九八〇年代初的6000萬英畝增加到二〇一〇年以來的9000多萬英畝。美國的產出量非常容易受當地氣候狀況影響,尤其一旦夏季

中期出現短暫乾旱影響就特別大——因為該時正值玉米的授粉季節。另外，美國農民也會追蹤玉米及黃豆的相對價格，交替種植這兩種作物，轉作的規模有時相當大。

表4.10／主要玉米生產國*

	二〇〇九／一〇年		二〇一九／二〇年	
	百萬噸	總數的%	百萬噸	總數的%
美國	331.9	39.8	346.0	31.0
中國	173.3	20.8	260.8	23.4
巴西	56.1	6.7	102.0	9.1
歐盟	59.5	7.1	66.7	6.0
阿根廷	25.0	3.0	51.0	4.6
烏克蘭	10.5	1.3	39.5	3.5
印度	16.7	2.0	28.6	2.6
墨西哥	20.4	2.4	26.5	2.4
俄羅斯	4.0	0.5	14.3	1.3
其他	136.7	16.4	180.9	16.2
合計	834.1		1,116.3	

＊主要在七月至十二月收成（南半球則是隔年稍早收成）
資料來源：美國農業部

　　美國的玉米收成成長率持續高於其他穀物。目前具防蟲及除草劑功效的基改玉米種植面積已達整體種植面積的90％以上，比二〇〇一年的四分之一大幅增加。農民偏好基改玉米的原因是，它的可靠度較高，且投入成本較低。美國飼料產業在基改玉米的使用上，不像歐洲及東亞同業受到那麼多的約束。

　　巴西也是重要的玉米生產國，過去二十年間，產出快速成長，目前玉米年產量達到約1億噸（一九九九／二〇〇〇年度僅

3100萬噸）。耕種區域已漸漸移向北部和西部，目前基改玉米占全國產量的90％左右。

自二〇一五／一六年度以來，中國政府一直試圖透過鼓勵農民休耕或者轉向替代性作物（如黃豆）的種植，來減少其巨量的玉米庫存。然而，二〇二〇年，疫情導致政策逆轉，中國政府再度優先考慮糧食安全。中國的產量自二〇一五／一六年度開始逐年下降，但在二〇二〇／二一年度，中國的產量看來可能會在擔心庫存水位降得過低的情況下，出現小幅上揚。

由於玉米非常容易受乾旱影響，所以歐盟的玉米產量差異甚大，尤其是位於中歐和東歐的會員國。二〇一九／二〇年度的產出約6600萬噸。對較新成員國的農民來說，儘管市場擴大，但這項利益卻被提升的運輸成本抵銷。儘管西班牙跟葡萄牙種植了幾個品種的基改玉米，不過，歐盟多數公共意見仍反對基改玉米的生產及使用。另外，由於回收良好且出口需求強勁，烏克蘭農民愈來愈樂於種植玉米，該國近幾年的出口量也因此持續增加。

世界上多數的玉米庫存是掌握在中國和美國手上，但外界無法掌握中國的精確庫存數字，因為當地農民向來有就地儲存收成且向主管機關隱瞞資產的傳統，另外，官方向來也對策略儲備及國家庫存數字三緘其口。二〇一五年，中國當局對國內庫存的巨大規模表達擔憂，並開始出售。據美國農業部推估，中國二〇一九／二〇年度的庫存量約2億噸，大約是全球庫存量的三分之二。

美國的庫存量對市場的意義就比較大，因為這些庫存可供出口。當美國的年底結轉額（carryover）降到（或預期將降到）一般認定的安全水準以下，市場就會開始緊張，價格也會激烈起伏。主要出口國二〇一九／二〇年度的庫存偏低，僅6200萬噸。

玉米的市場

玉米價格主要取決於美國的供給和國內外需求之間的平衡，不過也會受到阿根廷及中國可取得數量的影響。其次，玉米價格也會隨其他穀物的價格波動，因為其他穀物可以在動物飼料的使用上作為替代。

在芝加哥商品交易所（Chicago Board of Trade）交易的玉米價格和期貨最接近全球標竿，不過，其他地區和國家也有交易所，尤其是中國和拉丁美洲。位於倫敦的泛歐交易所（Euronext-LIFFE）也有玉米期貨交易。

價格趨勢

二〇〇七年底至二〇〇八年中，由於美國對酒精產量的需求上升，加上產業界、國內飼料生產商和出口商彼此競相取得玉米的情況愈來愈激烈，促使玉米價格飆漲。價格（以美國三號玉米海灣離岸價格為基礎）從二〇〇六年初約每噸100美元，飆漲到二〇〇八年六月每噸近320美元的高峰。儘管價格迅速回跌，但在需求強勁成長的推動下，價格在二〇一〇年至一三年間穩定上漲。從那時起，交易價格就維持平穩，而高庫存也對任何價格漲幅產生制約作用（見圖4.6）。跟大多數原物料商品一樣，價格在疫情開始之際下跌，但在二〇二〇年後半出現強勁反彈，主要是因為供給面出現缺口。

圖4.6／玉米庫存及價格

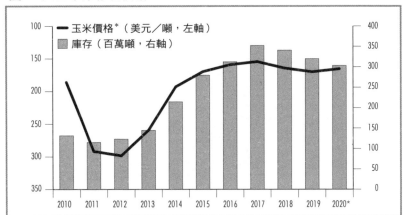

＊庫存價格為初估數據
＊＊美國三號玉米海灣離岸出口價
資料來源：世界銀行、美國農業部

未來展望

- 短期而言，由於疫情爆發，經濟成長放緩、失業率上升，可能導致肉類及乳製品的消費成長放緩，玉米需求因而下降。疫情爆發後，飆升的價格也可能降低玉米的使用量。

- 中國的玉米消費量可能從二〇二一年開始保持高水位，因為中國的生豬數量在二〇一九年受非洲豬瘟所害，需要重新放養，而非洲豬瘟可能造成的長期效應會是讓養豬業從小農戶轉向大規模加工廠，這會減少疾病傳播的風險，通常也意味著其飼養方式受更嚴密的規範，以及更多的穀物飼料需求。

- 畜牧業對環境產生的負面影響受到更多關注，可能導致已開發國家的動物蛋白消費量下降，因此也會造成對基改玉米作為動物飼料的需求降低。然而，目前而言，發展中國家持續

成長的消費可以抵銷這種影響。

■ 擺脫化石燃料的環境壓力，以及電動車市占率持續成長的趨勢，可能會減少酒精的需求。

［稻米］

　　稻米是禾本科植物的一種，人類食用的是它的種子。它最適合生長在多雨的地區，因為傳統的栽植方法是將農田灌滿水（水稻田）——這個方法有助於去除野草和害蟲。稻米通常是一年一穫，不過某些國家（如印度）冬天和夏天都會播種。

　　稻米的品種繁多，不過，幾乎所有品種的種植都是為了供應人類食用，食用米約占總（碾磨）產量的95％。某些較劣質的稻米和過剩且無法銷售到市場上的庫存可能會賣給動物飼料廠（通常占年產量約3％）。稻米也可用來釀酒或製造澱粉，不過，這是一個高度差異化的市場。多元化的品種——包括長粒米、中粒米和短粒米、香米、預熟米、碎米及糙米等——分別供應不同的市場，功能多半也都不同。

消費與貿易
區域趨勢

　　稻米在南亞及東亞地區具備非常重要的文化意義，而且當地飲食習慣演變得非常慢，尤其是鄉村。然而，經濟開發程度較高的亞洲國家（如日本和南韓），其人均稻米消費量已逐年穩定下

降。不過，在很多不是以穀物為傳統主要食物的非亞洲開發中國家，其稻米消費量卻隨著所得增加及品種改良而逐漸提高。尤其在非洲，稻米取代了根莖類傳統食物，消費成長強勁。

中國占全球稻米消費量的比重向來都大約是30％，人均稻米消費正緩慢降低。一九九五年，中國占全球消費量近35％，而近年則占約30％左右（見表4.11）。可支配所得的增加，讓飲食變得更多樣化，然而中國的人口成長也有所減緩。中國市場對優質外來品種如印度香米或泰國茉莉香米的需求，呈上升趨勢。

表4.11／主要稻米消費國*

	二〇〇九／一〇年		二〇一九／二〇年	
	百萬噸	總數的%	百萬噸	總數的%
中國	131.5	30.2	145.0	29.7
印度	85.5	19.6	102.1	20.9
印尼	38.0	8.7	35.5	7.3
其他亞洲國家	117.7	27.0	129.3	26.4
非洲	23.7	5.4	37.8	7.7
拉丁美洲	22.5	5.2	23.9	4.9
其他	16.7	3.8	15.2	3.1
合計	435.6		488.8	

＊當地交易年度
資料來源：美國農業部

印度是世界第二大稻米消費國，人口的快速成長也讓它在全球消費占比節節攀升。大量國家庫存抵銷了國內產量因季風影響而產生的起伏，而且國家透過公共分配制度（Public Distribution System）的補貼，確保對窮人的供給。而隨著較貧窮區域的所得

提高，稻米消費亦隨之上升。

　　預熟米在西非各地的城市非常普遍，不過當地需求受價格波動的影響相當大，因為進口稻米大約占該地區消費量的三分之二左右。稻米也是中東的重要食物，由於當地需求持續增加，故部分需仰賴進口。在波斯灣國家，稻米消費因移民勞工和朝聖者（前往沙烏地阿拉伯）而大幅增加。

貿易：主要參與者

　　國際稻米市場有三大組成要素：南亞及東南亞生產國（孟加拉、印尼和菲律賓）的需求起伏甚大（取決於天氣）；中東的需求不斷成長且更為穩定；西非市場的價格敏感度高。因此，非洲和亞洲占了全球貿易量的65％，如果包括中東，則占了80％，不過，稻米的國際貿易量只占全球稻米總年產量的10％。

　　各地口味及購買力的差異，讓稻米市場顯得支離破碎。較受喜愛的包括印度香米（來自印度半島的香米）、長粒米（美國供應）以及碎米（主要來自泰國和越南，但也有部分來自印度、巴基斯坦和其他小型出口國）。稻米的價格差異甚大，印度香米最貴，碎米（尤其是100％碎裂的米）最便宜。多數稻米是以碾磨後的狀態運送，不過，這種狀態下的米不容易妥善保存，所以必須裝袋後再運送，也因如此，稻米的運費和處理成本比小麥或玉米貴，因為後兩種穀物一般是用散裝的方式運送。

　　二〇一〇年以來，因為非洲跟亞洲不斷增加的需求量，使得稻米的世界貿易量顯著成長。二〇一〇年的全球貿易量為3100萬噸，到了二〇一七年已經上升到4800萬噸。然而，自那時以來，

全球貿易量因為中國和一些非洲國家（像是奈及利亞的跨國管制，導致來自鄰國貝南的轉運量急劇下降）減少採購而下滑。

　　主要稻米出口國為印度、泰國、越南、巴基斯坦和美國。過去十年，泰國不再是出口排行榜上的冠軍，主要是由於二〇一一至一四年間災難性的政府干預計畫，導致泰國米價大漲，流失了市占率。

　　印度的出口量在二〇一九年達到1080萬噸（見表4.12），而二〇二〇年初步數據也顯示，出口量成長強勁。印度稻米的出口極容易受政治牽動，由於價格飆升及全球的低庫存狀態，在二〇〇八年至一一年，印度禁止稻米外銷，二〇一一年九月解禁時，出口量急速成長。然而，這樣的出口量不可能持平，因為政府一直在穩定提高支付給農民的最低支付價格（minimum support price，MSP），持續削弱其國際競爭力。此外，二〇一九年，5％的出口關稅被取消了。

表4.12／主要出口國及進口國，二〇一九年

	淨出口			淨進口	
	百萬噸	總數的%		百萬噸	總數的%
印度	10.8	25.5	非洲*	13.6	34.0
越南	6.6	15.6	亞洲（中國除外）	8.0	20.1
泰國	6.5	15.4	中東	6.4	15.9
巴基斯坦	4.4	10.4	拉丁美洲**	4.0	9.9
美國	3.0	7.1	中國	2.4	6.0
中國	2.6	6.1	歐盟	2.3	5.7

＊北非及漠南非洲
＊＊南美洲、加勒比海及中美洲
資料來源：美國農業部

　　泰國仍是世界最大稻米出口國,它能提供各式各樣的品種和品質的稻米。然而,在市場上面臨愈來愈多來自印度和中國的競爭,而越南也已成為中、低品質市場的強大競爭者。

　　巴基斯坦也是一個大的出口國,稻米並非巴基斯坦的主食,而且儘管目前該國的稻米消費量緩慢增加,還是有一半的收成可供外銷。貿易是透過民間部門進行,不過,政府機關會協助安排政府對政府的交易。

　　雖然美國只占全球稻米產量的2%左右,但卻在全球貿易中扮演要角。美國的稻米出口約占國內產量的50%,而且特別的是,它允許糙米(未經碾製)的出口。主要出口國家是日本、墨西哥和海地,但美國在價格上無法與多數亞洲供應對手國競爭。

　　儘管中國種植的稻米已能滿足大部分的國內需求,它仍是現在世界上最大的稻米進口國。二〇一二年之前,中國的進口量都小到可以忽略不計,而且全部是來自泰國的高品質香米。然而,二〇一二年,進口量大增,這是為了降低國內米價而採取的措施,因為中國米價明顯高於國際市場行情。此後,進口量穩定上揚,直到二〇一八年,當局顯然是為了降低庫存而減輕支持力道。供給面改革的努力,或許也解釋了過去幾年中國(特別是對非洲)出口的快速成長。

　　印尼、菲律賓、孟加拉也是足以左右國際稻米市場的重要角色,但是它們的採購量波動很大,取決於國內稻米收成的狀況。

　　中東是持續成長的主要稻米市場,但這個地區因缺水之故,產量相對受限。進口稻米通常來自泰國、印度和巴基斯坦的優質印度香米或預熟米,這個地區的主要市場是伊朗、伊拉克和沙烏地阿拉伯。

產量及庫存

　　世界稻米產量在二○○○年代初期降低後，又漸漸恢復長期成長趨勢，二○一八／一九年度的產量達到4.99億噸，二○一九／二○年度則回落至4.89億噸。多數國家栽種稻米的目的都是供應國內糧食之用。亞洲產量約占全球產量的90％，不過，非洲的產出也持續增加。很多亞洲政府將農業列為優先產業，這促使民間及官方增加對稻米耕作的投資，同時鼓勵先進培植技術及改良品種的使用。灌溉系統的改良讓稻米耕種較不受乾旱傷害，不過，某些生產地區的水資源已愈來愈匱乏。

　　降雨——尤其是夏季季風期——對稻米市場攸關重大，因為當地收成的微小變化，極可能導致貿易流量發生巨大的震盪。不過，供給的短缺通常是可彌補的，因為某些生產國一年能收成兩穫，甚至三穫。亞洲某些國家的稻米耕種因城市化及其他作物的競爭而有減少的可能，不過，高產量或高抗病品種的使用，卻又讓產量得以成長。

　　中國是世界最大稻米生產國，二○一九／二○年度的產量為1.47億噸（見表4.13）。政府持續對農民提供價格、燃料、肥料和機械方面的補貼。印度夏季播種的主要（秋季）作物約占國內產量的85％；較小規模的早春作物則是在冬季的月分播種。印度擁有兩種稻米經濟模式，一種是比較先進的商業耕作區，主要位於北部，這種耕作區廣泛使用高產量品種的種子及化學農藥，另外，機械化讓收成作業得以快速且有效率地完成。然而，水資源的日益短缺和土壤鹽分的上升，可能影響到未來的產量。在印度的其他地區，稻米耕種的目的主要是為了餬口，而且收成多寡取

決於變化多端的季風。印度二〇一九／二〇年度的稻米產量為
1.18億噸。

表4.13／主要稻米生產國*

	二〇〇九／一〇年		二〇一九／二〇年	
	百萬噸	總數的%	百萬噸	總數的%
中國	137.3	31.1	146.7	29.6
印度	89.1	20.2	118.4	23.9
印尼	36.4	8.2	34.0	6.9
越南	25.0	5.7	27.0	5.4
泰國	20.3	4.6	18.6	3.8
其他亞洲國家	87.4	19.8	98.3	19.8
非洲	16.1	3.6	23.8	4.8
拉丁美洲	19.1	4.3	17.7	3.6
其他	10.4	2.4	11.5	2.3
合計	441.1		496.0	

＊白米
資料來源：美國農業部

　　在孟加拉，稻米耕作面積約占所有農作物耕作面積的四分之
三。該國某些地區每年可收成三穫，不過，產量取決於季風的變
化。有些年度，它還需要從印度進口（主要是根據特約條件）大
量稻米。

　　儘管泰國二〇一四／一五年度的乾旱使產量降低至1600萬
噸，不過每年稻米產出穩定維持在2000萬噸左右。種稻的農民是
強而有力的政治遊說團體，雖然泰國政府取消了政府高價收購制
度，但農民依然獲得來自政府的補助。政府同時也鼓勵種稻的農
民轉種其他需要較少水資源的作物。

　　越南從一九九〇年代起就因政府獎勵改善耕作方法，而成為稻米市場的主要參與者。有一半的農地全部用來耕作稻米，不過，邊緣稻田已經被用來轉作飼料穀物和從事水產養殖。越南二〇一三／一四年度的產量達到2800萬噸，此後便維持這個水準左右的產出。

　　美國是優質稻米生產國，也是主要的出口國，年收穫量約600萬噸。多數稻米是在有能力負擔必要高額投資（尤其是灌溉方面的投資）的大農場裡耕種。若非政府支持，美國的稻米耕種並不具經濟效益。幾乎75%的收成是長粒米品種，這類稻米在外銷市場很受歡迎。

　　全球庫存在二〇〇四／〇五年度時降到了低於7500萬噸的低點，不過，從那時開始，庫存量穩步回升，到二〇一九／二〇年度時，維持在約1.77億噸水準。然而，這只是一個粗估數字，因為中國的庫存量還是難以估算，根據美國農業部推估，中國約掌握了三分之二的全球庫存。然而，對稻米市場及國際價格來說，更重要的是，五大主要出口國掌握了多少稻米庫存。近幾年，出口國的庫存量持續增加，二〇一九／二〇年度達到3700萬噸的安全水平。

稻米的市場

　　芝加哥商品交易所有稻米期貨交易，而且泰國、越南和巴基斯坦等國也有重要的稻米交易所。然而稻米的多數國際貿易是透過大型貿易公司進行，包括路易達孚公司（Louis Dreyfus，法國）、阿徹丹尼爾斯米德蘭公司（美國）、奧蘭姆公司（Olam，

位於新加坡的印度公司），另外也透過仲介商進行交易。某些大型貿易商也從事稻米加工業務。參與稻米貿易的企業非常多，不過，通常它們個別專精於某個小區隔市場，以滿足這些區隔市場的需求為目標。稻米的買家通常是國有的採購公司，而且相關的交易往往是政府對政府的交易，這是原物料商品市場上比較罕見的情況。

價格趨勢

稻米價格（以泰國白米100％B級曼谷離岸價格為基礎）向來波動不像其他某些更廣泛被交易的原物料商品那麼激烈，不過，二〇〇七年稻米價格突然開始飆漲，並在二〇〇八年五月達到每噸1,060美元的高峰。這比二〇〇〇年至〇五年的年度均價每噸220美元大幅上漲。促使稻米價格飆漲的原因是需求大增、生產力降低及主要稻米栽種地區遭天然災害肆虐等，不過，政府（印度、埃及和越南）的種種作為也對稻米價格發揮了推波助瀾的效果：當時這些政府為確保國內供給而限制出口。之後稻米價格在全球金融危機期間大幅下跌。

二〇一一年十月至二〇一四年五月，泰國稻米的價格因為政府的干預計畫而上漲，隨後又因為政府不得不出售干預期間累積的庫存而回落。更普遍的現象是，全國各地因為庫存高水位且穩定上升，一直是價格受到壓抑的主因（見圖4.7）。

二〇一九年價格相對穩定，但二〇二〇上半年因為部分消費者在疫情期間囤貨而導致價格飆升。同時，泰國的生產也因惡劣的天氣影響，進一步抬升泰國稻米的價格，此外這段期間，泰銖

圖4.7／稻米庫存及價格

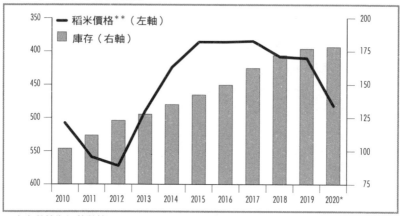

＊庫存數據為初估數據
＊＊以泰國白米100％Ｂ級曼谷離岸價格為基礎，美元／噸
資料來源：美國農業部、世界銀行

兌美元也走強。隨後，價格在下半年滑落，但全年的平均價格仍
然上漲了將近20％，達到七年新高。而同年的稻米價格在其他產
區則因為產量維持水準之上而穩定。

未來展望

- 亞洲及非洲的人口數仍在成長中，意味著稻米的全球消費量
  也會繼續上升。鑑於稻米進口國的消費量也在升高，預期稻
  米的貿易會擴大。
- 中國看來很可能繼續擴張稻米的出口，並在未來幾年內成為
  稻米的淨出口國。
- 在亞洲多數國家，稻米向來是政治敏感議題之一，很多國家
  的稻農和稻米消費者都代表主要的政治勢力。因此，這些國

家的政府對價格波動非常敏感，經常積極參與採購（為滿足
國內需求）及出口事務。如果它們對供給或價格層面產生疑
慮，也會迅速實施貿易限制。

- 中東地區產量有限，但市場卻持續成長，預估這將促使當地
  進口量增加。憂心供給面的中東國家也開始在很多非洲及亞
  洲國家投資農地。

- 亞洲部分地區的人均稻米消費量將因人民飲食習慣漸漸多元
  化而繼續降低，相對地肉類和其他便利食品（小麥製）的食
  用量會增加，尤其是在中國、日本和南韓。

［天然橡膠］

　　原產巴西亞馬遜區域的帕拉（Pará）橡膠樹是製造天然橡膠膠乳的主要來源。這種樹能成為商業化種植理想選擇的主要特性是：它被割破愈多次，泌出的膠乳愈多。橡膠樹能活約一百年，但只能生產約三十五年的膠乳，其後膠乳產量便會降低。種植後約七年，橡膠樹就能產出膠乳。天然橡膠和咖啡一樣，多半是小自耕農型作物，而小自耕農的產量約占全球產量的70％至80％。

加工、用途及合成橡膠的競爭

　　收成膠乳以前，必須先將樹幹切開，讓乳白色的黏稠樹汁流出，接著再將樹汁收集起來，送往加工地。在橡膠的最初加工階段，必須先將膠乳和它生成的硬塊加以過濾。天然橡膠被定義為一種天然的聚合物——即彈性體——主要的成分是聚異戊二烯（polyisoprene）。

　　利用這個程序取得的橡膠，便可用來製造各式各樣的商品。天然橡膠最吃香的特性是：它的延伸性非常好（且延伸後能恢復原本的形狀），而且防水。到目前為止，輪胎產業是天然橡膠的最大消費者，估計約占總消費量的70％。除了輪胎以外，一輛現代汽車裡，有超過三百個零件是由橡膠製成。另外，橡膠也被用

來製作輸送帶、鞋子、手套、醫療儀器、水管和地板覆材等，不勝枚舉。

　　人們較不常直接聯想到的用途，是天然橡膠可以添加到瀝青裡面鋪設路面。添加了天然橡膠的瀝青，通常會延長道路的使用年限，而且減少噪音。來自回收輪胎的橡膠屑可以用來鋪設路面，但近期橡膠供給過剩的狀況，讓生產國試圖在國內的道路建設和其他的基礎建設項目中，應用更多初級的天然橡膠。此外，天然橡膠近期的用途還有穩定土壤（soil stabilisation）。

　　天然橡膠消費約占橡膠總消費量的47％（二〇一九年），剩餘的部分是由各式各樣的石化合成橡膠組成。這兩者的競爭主要取決於價格，不過它們的特性也略有差異：合成橡膠能改善天然橡膠在商品製造方面的某些特質，不過，在某些領域——如耐重輪胎——合成橡膠並無法成功取代天然橡膠。所有的飛機輪胎皆由天然橡膠製成。貨車輪胎包含二十五公斤的彈性體，其中有極高比重是天然橡膠（通常約80％）。轎車輪胎使用的天然橡膠比重則相對少，一般來說大約有30％至50％是天然橡膠。

消費與貿易
區域趨勢

　　全球橡膠的總需求量早就超出天然橡膠的供給量。到一九八六年時，天然橡膠占整體彈性體市場的比重就已經降至不到三分之一。但從那時開始，由於油價和合成橡膠原料價格高漲，天然橡膠的市占率又開始上升。印度消費量占天然橡膠消費量的比重向來最高，而東歐和獨立國協向來最低，因為這些前蘇聯國家較

傾向於使用合成橡膠。

　　天然橡膠的區域消費量現在是由亞洲主導，特別是印度和中國；OECD國家的需求則一路降低，尤其是歐盟和北美，因為這些地區的輪胎產業面臨價格更低廉的進口品競爭。

　　過去十年間，天然橡膠的消費量成長相對低迷，根據國際橡膠研究組織（International Rubber Study Group，簡稱IRSG）的數據，平均成長率為2.7%（二〇一一至一九年）。而全球汽車產業的不景氣，二〇一九年的消費實際上下降了1%，而且二〇二〇年的下降幅度更是隨著疫情造成的經濟重挫而擴大。

　　中國是世界上最大的天然橡膠消費國，二〇一九年的消費市場占比約40%（見表4.14）。與此同時，印度的市場占比也一直攀升，這是因為印度人均收入的提高以及中等收入族群占比激增，使其汽車擁有率上升所致。儘管日本已將該國多數製造業遷移到較低成本的生產基地（如中國），但它目前還是重要的消費國，占二〇一九年全球總消費量超過5%。二〇一九年時，亞洲消費量約占全球的75%，回望二〇〇〇年的數據為54%，更是反映出亞洲優越製造（不只是汽車製造）中心的地位。

　　輪胎製造產業由幾家規模很大的公司所主導，包括普利司通（Bridgestone，日本）、米其林（Michelin，法國）、固特異（美國）和馬牌（Continental，德國）。據統計，前十大輪胎製造商的市場占比合計約三分之二。

　　非輪胎（一般橡膠製品）製造活動的分布就非常支離破碎，多半是一些中小型企業。不過，多數輪胎製造商也會製造非輪胎汽車零件，像是輸送帶、密封條和模具等。

表4.14／主要天然橡膠消費國

	二〇〇九年		二〇一九年	
	千噸	總數的%	千噸	總數的%
中國	3,622	33.7	5,497	40.4
印度	944	8.8	1,144	8.4
日本	749	7.0	714	5.2
亞洲其他地區*	2,230	20.7	2,823	20.7
歐盟	1,136	10.6	1,183	8.7
歐洲其他地區及獨立國家國協	326	3.0	444	3.3
北美洲**	1,071	10.0	1,146	8.4
拉丁美洲	600	5.6	585	4.3
非洲	77	0.7	79	0.6
合計	10,755		13,615	

＊包括澳洲
＊＊加拿大和美國
資料來源：國際橡膠研究組織

貿易

　　泰國、印尼和越南主導天然橡膠的貿易，這些國家二〇一九年占全球出口量的78％（見表4.15）。近幾年，越南的產出及出口量快速增加，部分是由於它最接近世界最大的天然橡膠市場——中國。越南已取代馬來西亞成為世界第三大出口國。然而，馬來西亞有大型的橡膠加工業，特別是橡膠手套，並即將成為一個淨進口國。考量其近期對進口的依賴，中國希望能增加其天然橡膠的產量，但受制於氣候環境，只有少數幾個省分能滿足種植橡膠的條件。

表4.15／主要出口國及進口國，二〇一九年

	淨出口				淨進口	
	千噸	總數的%			千噸	總數的%
泰國	4,499	40.2	中國		4,745	40.4
印尼	2,579	23.0	歐盟		1,557	13.3
越南	1,698	15.2	馬來西亞		1,083	9.2
馬來西亞	1,023	9.1	美國		1,010	8.6
象牙海岸	767	6.9	日本		731	6.2

資料來源：國際橡膠研究組織

　　到目前為止，中國是世界最大的市場，而泰國尤其受惠於中國消費的成長。儘管印尼也相對接近中國，但印尼橡膠向來多半出口到美國。日本因擁有龐大的汽車製造業，所以一直是天然橡膠的重要進口國，不過近幾年的進口量逐漸下降。

產量

　　儘管橡膠樹原產於拉丁美洲，但長久以來，世界上多數橡膠產量卻來自亞洲。在殖民地時期，英國人把橡膠樹種子從巴西經由英國帶到新加坡、印度、斯里蘭卡和英屬馬來亞，比利時的殖民者也把種子帶到目前的剛果民主共和國。如今，亞洲產量約占全球總產量的90％。三大生產國——泰國、印尼、越南——的產量則共占二〇一九年全球產量的66％（見圖4.8）。

　　和所有農作物一樣，氣候——尤其是降雨——是影響天然橡膠產量的重要因素之一。降雨不足會導致膠乳流動速度減慢，但降雨過多卻又會導致採集作業受阻。近幾年來，天然橡膠產量因勞工短缺（膠乳採集是一種需要技術的工作，但其收入卻通常比

圖4.8／天然橡膠產量，二○一九年

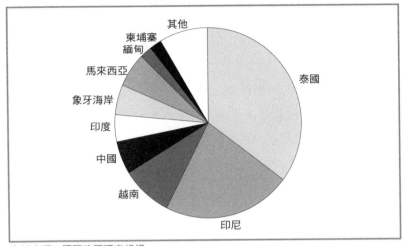

資料來源：國際橡膠研究組織

產業就業機會低）及獲利能力相對低於其他作物（尤其是棕櫚油）而顯著降低。

目前泰國仍是世界上最大的天然橡膠生產國，過往產量集中在該國最南端接近馬來西亞邊境的地區，但現在北部及東北部省分也有種植橡膠。泰國的產量一直穩定增加，二○一○年至一九年間，年產量平均增加4.6％。疫情及惡劣天氣讓產出在二○一九年下降了4.8％，但產量仍有近500萬噸之多，高於二○一○年的330萬噸。

近幾年來，印尼的天然橡膠產量成長已經放緩，部分原因出於價格不佳。印尼的生產力通常較為低落，而該國在二○一九年更遭受落葉病（Pestalotiopsis，擬盤多毛孢屬）的衝擊。

東南亞其他國家的生產成長強勁，最受注目的當屬越南。這一部分得歸功於政府的支持和投資，越南的天然橡膠主要銷往中

國。雖然還在初期階段，但柬埔寨與緬甸的橡膠產量和出口也快速成長，部分得歸功於中國的投資。

　　天然橡膠的附加價值空間遠比其他很多原物料商品高，然而，在主要橡膠生產國當中，只有中國和印度將一半以上的本國產量用在輪胎及其他橡膠製品的製造上。另一個例外是馬來西亞，它有大型的橡膠加工產業，並生產全球將近三分之二的橡膠手套。二〇二〇年疫情期間，需求飆升，該國的製造商宣布大規模擴大產能。但也得說，手套需求很可能會在疫情受到管控後大大回落。儘管如此，各國政府可能會在面對疫情措手不及的情境下，大量囤積個人防護用品。

　　與基於石油做成的合成橡膠相比，天然橡膠是可再生的原物料商品。然而，與另一種熱帶作物原物料——棕櫚油——一樣，人們憂心這個產業的環境足跡，因為這也構成森林砍伐的主因。此外，與棕櫚油不同的是，橡膠的生產者主要是小型農戶而非大型種植園，更增添推動永續實踐的難度。

　　現在努力確保天然橡膠產品永續性的對象，包括其重點客戶，也就是輪胎公司。二〇一七年，四大輪胎生產商和通用汽車（General Motors，GM）宣布合作開發「永續的」天然橡膠。通用汽車聲明，這會讓輪胎商滿足特定需求，以成為通用汽車的天然橡膠供給商。

橡膠的市場

　　吉隆坡、新加坡、倫敦、紐約、東京和廣州都有天然橡膠的現貨市場。據估計，生產者與輪胎製造商的雙邊合約交易占天然

橡膠貿易的大宗，達75％之多。交易所的主要功能是發現價格，儘管這似乎降低了現貨市場的效力，但橡膠現貨價似乎也不足以反映市場的基本供需情勢，這和其他原物料商品的現貨價完全不同。日本（TOCOM）、新加坡（SGX）和中國（ShFE）都有天然橡膠的期貨市場。上海交易所近期開始開放外國人投資其橡膠合約。與此同時，天然橡膠也有當地市場，特別是在印度、泰國和印尼。

即使是天然橡膠生產國本身也不太有能力控制產量（或價格），因為產量多半是受氣候影響，尤其是降雨，而且樹木從種植到具有生產能力的前置期很長，所以供給面無法彈性反映價格波動或需求狀況，也表示天然橡膠市場存在重大供需失衡與價格波動的高風險。

然而，在二〇〇一年，泰國、印尼和馬來西亞創立了國際三方橡膠理事會（International Tripartite Rubber Council，簡稱ITRC），目的是要確保天然橡膠產品的永續性，以及提供生產者和消費者公平、穩定的價格。ITRC有三個為達成目標的機制，分別是為確保永續供給的供給管理計畫（Supply Management Scheme，SMS）或長期種植計畫、合作以確保供給量符合需求的協議出口噸位計畫（Agreed Export Tonnage Scheme，AETS），以及努力提倡天然橡膠使用的戰略市場運作（Strategic Market Operation，SMO）。越南在二〇一七年加入了這個理事會。

ITRC在AETS方面，透過限制出口支撐價格而取得了些許成果。然而，如果需求疲軟，該組織能做的事情並不多。此外，可再生原物料商品的卡特爾向來就以不遵守規定而惡名昭彰，因為放棄生產就等於流失產量。無論如何，上述三個國家的全球產量

占比超過OPEC的石油產量占比，前者占有約74％的市場，而後者僅30％。

價格趨勢

　　二〇〇〇年代，橡膠價格迅速上漲，反映了中國以及其他開發中國家的需求強勁成長，因為這些國家對採礦及建築業所需的耐重輪胎需求增加。二〇〇八至〇九年的全球經濟衰退後，價格跟著下跌，但隨後在二〇一〇年回復成長軌跡（見圖4.9），部分原因是中國大力道的經濟刺激措施，但也因為在全球經濟放緩的局勢中，新興國家的經濟成長恢復得相對快速。然而，二〇一二至一三年的供給量激增（隨著十年前經濟繁榮時期種植的樹木成熟），導致積累大量庫存，自此便一直是壓制市價的因素。二〇一五至一九年期間，價格仍維持下跌趨勢，偶爾會因為天氣因素

圖4.9／天然橡膠庫存及價格

＊庫存數據為推估。
資料來源：國際橡膠研究組織、世界銀行

中斷供給，導致價格飆升。在二○二○年疫情爆發後，價格暴跌，但在中國的政策刺激與經濟快速復甦的支撐下，價格隨後開始回升。

未來展望

- 原油乃至合成橡膠的價格將影響天然橡膠的價格及需求。
- 要求天然橡膠永續生產的壓力會愈來愈大，這可能會壓抑供給的成長，但也可能提高價格並確保農民的生計獲得改善。
- 供給不能迅速回應價格的降低，因為橡膠樹從種植到具生產力需要很長的時間。因此，價格長期下跌將導致未來的投資及栽種活動降溫，並進而在更遠的未來衍生供給短缺問題。
- 從馬來西亞的例子便清楚可見，隨著工資上漲及城市地區的工作機會增加，需要使用大量勞工的橡膠樹膠乳採集工作將愈來愈不受農業勞工青睞，這可能促使橡膠生產逐漸移往成本更低的國家。
- 輪胎公司正在研究替代熱帶天然橡膠的替代品，部分是因為供給掌握在少數生產者手中，但同時也是出於對永續性的擔憂。從俄羅斯蒲公英（Russian dandelion）中萃取天然橡膠已有進展，但目前應用還處於實驗階段。蒲公英的優點是生長期只要三個月，而天然橡膠樹的長成則需要七至八年。在美國也使用大量的沙漠灌木銀膠菊（guayule），然而，供給量是個問題。要滿足全球橡膠需求，需要多少銀膠菊才夠？根據研究，四棵東南亞橡膠樹產出的乳膠，約當一百棵灌木銀膠菊產出的量。

［黃豆］

黃豆是一種豆科植物（其他豆科植物還包括豌豆、菜豆、小扁豆、紫花苜蓿等），原產於東亞，幾個世紀前才被導入世界上的其他區域。自古以來，黃豆一直都種植在氣候溫和的地區，而且通常是夏天較炎熱的地區，不過，目前熱帶和亞熱帶地區都有栽植黃豆，尤其是巴西。黃豆的經濟價值很高，除了豆子可供出售，黃豆植株也能改善土壤肥沃度，因為它能將大氣中的氮吸收到土壤裡。一九九六年起，人類開始種植基因改良黃豆，且其栽種範圍快速擴增。

這種植物的豆子可食用，而且它的營養價值非常受重視：它是少數能提供完整蛋白質的植物（包含八種生命必需胺基酸）之一。典型的黃豆包含蛋白質（大約40％）、油脂（大約20％）和醣類（大約30％）。黃豆因其油脂含量而被稱為油籽的一種；黃豆油的價格除了反映本身的市場動態以外，也會隨著其他農作物（如葵花籽、油菜籽和油棕）油脂的價格波動。

加工及用途

一旦作物收成，黃豆就會被外銷、運送到本地的加工廠，或是直接供人類食用。全球有85％至90％的黃豆會被進一步加工

（有時在生產國加工，有時在進口國），剩下的則直接供應人類消費，直接食用黃豆的主要是亞洲人，不過，美國和歐洲也有人食用，但比例低很多。黃豆加工後會產生兩種產品：黃豆油和黃豆粕。FAO估計，每生產1噸黃豆油，就會產生4.5噸的黃豆粕。

黃豆主要有三種加工法：

- 溶劑萃取法：用己烷（一種碳氫化合物）來溶解或萃取黃豆的油脂，這是最常見的方法。
- 連續壓榨法：利用高溫及機械螺旋壓榨方式，將油榨出。
- 水壓法：用機械或水壓將油脂榨出。這是傳統方法。

黃豆粕幾乎全部用於動物飼料，只有極低的比例（通常大約2％）會用來製造豆粉和蛋白質。多數黃豆油（超過90％）皆可食用，剩下的用於生質柴油產業及肥皂、塑膠和蠟筆等產品的製造。黃豆油是重要的植物油，約占全球植物油消費的32％，不過，它的市占率已被棕櫚油（通常較便宜）超越，棕櫚油目前市占率41％。黃豆粕動物飼料的需求，是黃豆油生產乃至消費的重要考量因素。

消費與貿易
區域趨勢

近幾年，黃豆消費大幅增加，成長幅度超越其他油籽及穀物。二〇一九／二〇年度消費量達到3.54億噸（見表4.16），比二〇〇九／一〇年度的2.39億噸大幅成長。開發中國家——尤其

亞洲──的消費成長力道尤其強勁，因為這些國家所得的成長讓肉類消費增加，對動物飼料的需求自然也隨之上升。

表4.16／主要黃豆消費國*

	二○○九／一○年		二○一九／二○年**	
	百萬噸	總數的%	百萬噸	總數的%
中國	59.7	25.0	109.2	30.8
美國	49.2	20.6	60.4	17.0
阿根廷	36.4	15.2	46.1	13.0
巴西	36.1	15.1	46.5	13.1
歐盟	13.5	5.6	17.9	5.0
印度	8.8	3.7	9.7	2.7
墨西哥	3.6	1.5	6.3	1.8
俄羅斯	2.0	0.8	5.3	1.5
Others	29.8	12.5	53.0	15.0
合計	239.1		354.3	

＊九月三十日為年底
＊＊初估值
資料來源：美國農業部

　　中國已經超越美國，目前是世界上最大的黃豆消費國，二○一九／二○年度的消費量接近1億1000萬噸。過去十年間，國內需求在飼料產量強勁成長的帶動下，更添動能。大約50%的黃豆被直接用來餵食豬隻，但也廣泛用於家禽及水產養殖。而人類食用的黃豆約占總數的10%至15%。中國農民傳統上以高蛋白飲食方式餵養豬隻，黃豆約占飼料的20%，而其他地區的黃豆占豬隻飼料比例則不到15%。然而，二○一九年非洲豬瘟爆發，使中國生豬數量短少40%，大約2億頭。到二○二一年，生豬數量已經

回到非洲豬瘟之前的水準，但對黃豆需求的影響仍不明朗。另一方面，中國政府鼓勵以動物飼料替代餿水來餵養豬隻，但同時也建議降低飼料中的黃豆含量。

其他主要消費國如美國、阿根廷、巴西也是大型生產國。儘管阿根廷的產量比巴西小得多，但其在全球消費量上的占比卻比巴西高。這是因為阿根廷有龐大的加工榨油產業，其出口的形式為黃豆油和黃豆粕，而非生豆。美國的消費量持續穩定成長，部分是因為肉品出口量增加，另外也有來自生質柴油對黃豆的需求。巴西也在增加國內黃豆油運用於生質柴油的使用量。過去二十年，歐盟的全球消費量直直落，而且其黃豆消費取決於歐洲穀物收成，每年變化幅度顯著，其需求取決於歐盟境內的一般穀物收成量或是具替代性的油籽——尤其是油菜籽——的產出。

貿易

黃豆及黃豆製品是現在貿易量最大的農業原物料商品，約占農產品貿易的20％。二〇一九／二〇年度黃豆的全球總貿易量為1億6300萬噸，比二〇〇〇／〇一年度的5300萬噸大幅成長。

黃豆貿易受中國支配，中國黃豆的貿易量占二〇一九／二〇年度世界總貿易量的60％，進口9700萬噸（見表4.17）。一年前，受中美貿易爭端（導致中國對從美國進口的黃豆課徵25％關稅）以及非洲豬瘟爆發的影響，中國進口量明顯下降。美中第一階段貿易協議在二〇二〇年一月簽署，其中包括中國承諾大幅增加從美國進口的農產品。考量到在貿易摩擦開始之前，油籽占中國從美國進口的農產品的一半多一些，黃豆應該在協議中扮演要

表4.17／主要出口國及進口國，二〇一九／二〇年度

	淨出口			淨進口	
	百萬噸	總數的%		百萬噸	總數的%
巴西	92.5	56.2	中國	97.4	59.8
美國	45.6	27.7	其他亞洲地區	22.3	13.7
阿根廷	10.0	6.1	歐盟	15.6	9.6
巴拉圭	5.9	3.6	中東	7.3	4.5
其他	10.6	6.4	北美與中美洲	7.0	4.3

資料來源：美國農業部

角。然而，量的多寡也端看中國的進口需求。

　　中國和歐盟歷來不願意進口基改黃豆產品，這使得拉丁美洲（非美國）的進口商得益。然而，基改黃豆在巴西的廣泛種植，迫使歐盟與中國接受基改黃豆。基改黃豆產品送到它們境內依然需要經過認證，且基改食物目前在這些地方仍是敏感議題。

　　印度政府也希望保護並鼓勵國內蔬菜油產出，所以有時候黃豆會成為限制貿易的對象。印度會視其國內收成情況決定進口還是出口黃豆。

　　巴西在黃豆貿易上已經超越美國，成為世界最大出口國，到二〇一九／二〇年度，出口量達到破紀錄的9250萬噸。同時，阿根廷有非常成熟的榨油產業，因此是世界最大黃豆粕和黃豆油出口國，約占黃豆粕全球貿易量的40％。這反映了政府鼓勵國內加工的政策 —— 黃豆粕和黃豆油的出口稅比黃豆低。然而，在二〇二〇年初，政府改革了穀物及油籽的稅制，提高黃豆粕和黃豆油的出口稅率，現在跟黃豆一致。

　　黃豆貿易受少數幾家大型跨國原物料商品貿易公司支配，包

括阿徹丹尼爾斯米德蘭、邦吉（Bunge）、嘉吉和路易達孚集團。

產量

黃豆的栽種高度集中在四個國家——包括美國、巴西、阿根廷和中國，這四國占了世界多數產出（二〇一九／二〇年的占比為88％）。美國原本向來是世界上最大的黃豆生產及出口國，不過近年來拉丁美洲的產量明顯增加，尤其是巴西和阿根廷。儘管美國的產量很可能在二〇二〇／二一年擴張，假設有理想的作物生長條件，但進一步擴產的規模潛力遜於巴西。

二〇一八年，黃豆首度超越玉米，成為美國種植面積最大的農場作物，不過二〇一九年略為回落。位於中西部的愛荷華州、明尼蘇達州以及伊利諾州是成長最快的栽種區，約占全國產量的36％（二〇一八年）。黃豆通常和玉米輪流種植。這兩種作物的關係非常密切，農民通常會根據它們的相對價格，決定擴大栽種其中一種。目前幾乎所有美國的黃豆都經過基因改良，最初，改良的目的是為了除草和防止病蟲害，但現在改良的目的是為了提高黃豆的營養質量。

巴西因國內基礎建設改善，使得其中部及西部的黃豆種植面積顯著擴大。以前，黃豆種植僅限於靠近港口的南部地區。巴西二〇一八／一九年度的產量略微下降至1億1700萬噸，而二〇一九／二〇年度的產量為1億2600萬噸（見表4.18）。

目前阿根廷的黃豆農依舊分布在港口附近的地區。產量在二〇〇〇年至一〇年間大幅增加，但穩定在5500萬噸左右。然而，阿根廷的國內消費量很低，所以它是非常重要的出口國。

表4.18／主要黃豆生產國*

	二〇〇九／一〇年		二〇一九／二〇年	
	百萬噸	總數的%	百萬噸	總數的%
巴西	69.0	26.4	126.0	37.4
美國	91.5	35.1	96.7	28.7
阿根廷	54.5	20.9	49.0	14.6
中國	15.2	5.8	18.1	5.4
巴拉圭	6.5	2.5	9.9	2.9
印度	9.7	3.7	9.3	2.8
其他	14.6	5.6	27.6	8.2
合計	261.0		336.6	

*九月三十日為年底
資料來源：美國農業部

　　近幾年來，很多國家開始擴大黃豆的種植範圍，不過，它們的產出和美洲國家比起來仍是小巫見大巫。近年來，烏克蘭的產出顯著增加，並因此漸漸成為國際市場上的重要供給者。因為黃豆是春季播種的作物，所以比起得在冬天播種的油菜籽，該國的農民偏好種植黃豆，因為冬季播種的作物很容易被凍死。

　　中國和印度一直都為了滿足國內持續增加的需求而試著提高黃豆產出。中國的黃豆主要是種植在東北地區，不過當地的土地和水源取得受限。印度的收成率通常很低，但近年來產量也強勁成長。然而，當地的黃豆作物全部是在夏天播種，所以非常依賴季風所帶來的降雨。

黃豆的市場

　　芝加哥期貨市場是觀察黃豆價格變化的主要指標，黃豆也在

南非、中國、日本、印度和阿根廷等國的交易所交易。

　　貿易商和買家在琢磨黃豆價格是否合理時，通常會連同其他油籽或食用油的價格一併列入考慮，尤其是葵花籽和油菜籽，因為這兩者是黃豆的有效替代品。葵花籽油通常比黃豆油貴，但這兩者的相對地位還是可能因各自可取得量的多寡而發生變化。油菜籽和黃豆價格的關係就比較多變，取決於各自的可取得量；另外，棕櫚油的交易價格通常比黃豆油低很多。

價格趨勢

　　二〇一二年中時，美國的乾旱導致黃豆價格（美國黃大豆二號）接近每噸685美元（圖4.10），但此後價格穩步下跌，偶爾因為天氣因素而飆漲。二〇一八年中至二〇二〇年初，黃豆價格落在每噸330美元至390美元之間。巴西產量快速成長、美中貿易爭端、非洲豬瘟以及巴西或美國的大豐收，導致全球庫存居高不下，這些都是影響價格的因素。在疫情爆發之後，價格隨之下滑，但在今年下半年時，由於中國的需求強勁成長（因為生豬數量上升），以及對於反聖嬰現象可能造成農損的隱憂，價格在今年度尾段迅速回升。

未來展望

- 二〇二〇年全球黃豆庫存水位相對高，表示除非哪個主要生產國出現歉收，否則價格上漲的現象只是暫時的。
- 中期來說，開發中國家肉品消費的增加，應該能支撐黃豆需

圖4.10／黃豆庫存及價格

＊庫存數據為推估

＊＊二號黃豆在波斯灣港口離岸的外銷價

資料來源：美國農業部、世界銀行

求的成長。不過，已開發國家的肉品消費量可能會因大眾對健康以及氣候變遷的擔憂（畜牧業是碳排放大戶）而開始下降。此外，巴西黃豆產量的增加還涉及了森林砍伐。

■ 黃豆的蛋白質含量對蔬食主義者和素食主義者來說，是非常有用的附加營養素。然而，因黃豆油含有反式脂肪，所以黃豆油不再那麼受加工食品業者歡迎。

［糖］

　　甘蔗是一種禾本科植物，生長在熱帶及亞熱帶地區，可以人工收割，也能用機器採收。採收後，甘蔗會被送到加工廠壓榨並萃取甘蔗汁。甜菜生長在溫氣候溫和的地區，是一年生植物，它的塊根含有高濃縮的蔗糖。採收一樣可借助人工或機器。加工廠利用滲透法來萃取糖。糖的主要供給來源是甘蔗，但它的加工程序比甜菜更繁複，所以，通常加工作業是在最終消費國進行。

　　一般來說，大約有70％的產量是產於十月到三月之間，其中，十月至十二月是甜菜採收和加工期，而甘蔗則是在一至三月間收割。南半球的收成──主要是甘蔗──則能補充第二及第三季的供給。

替代物

　　市面上有多種天然及化學增甜劑可取代糖，不過，65％的增甜劑需求目前仍須仰賴糖來滿足。化學增甜劑──如糖精和阿斯巴甜以及愈來愈多的合成化學產品──的甜味通常都比糖更濃烈。高果糖玉米糖漿是比較天然的替代物，在美國非常普遍。另一方面，化學增甜劑的通用程度較低，而且不能在極高溫度的情況下使用，所以這些增甜劑無法取代糖在烘焙產品方面的用途。

另外，這些增甜劑也會影響口味。儘管如此，化學增甜劑的卡路里值低且甜度高，對減重或某些醫療控制計畫有幫助，所以漸受糖尿病患者喜愛。而對食品加工業者來說，人工增甜劑的成本比糖更低廉。

清涼飲料製造業早已普遍採用糖的替代物，因為這類飲料的口味比較容易掩飾，另外，有些國家的糖價常容易受到人為操縱，所以這些國家也較普遍採用價格競爭力較高的替代物，即化學增甜劑。技術的進步讓某些替代物的特性進一步延伸，所以它們在增甜劑用途的占比漸漸提高，尤其是在清涼飲料用途。

化學增甜劑的使用早已爭議多年，因為有些人擔心長期食用這類產品會有害健康，因此過去十年間，有愈來愈多天然增甜劑問世，挑戰糖的地位。最值得一提的是甜菊（Stevia），它原產於美洲，目前種植區域的分布愈來愈多。甜菊在日本的使用範圍廣泛，美國的消費量也持續增加，而且二〇一一年底時又獲得歐盟監理主管機關的許可，成為合法的增甜劑。

消費與貿易
區域趨勢

糖的消費可分為家庭消費和間接用於清涼飲料、糖果糕點和製成食品等用途的消費。間接用途約占歐洲及美國用量的三分之二，在某些東亞國家，間接用途甚至占總用量80％以上。開發中國家的消費情況非常分歧，不過基本上都只有間接用途成長，因為這些國家的食品及清涼飲料消費明顯增加。

二〇〇一／〇二年度至二〇一八／一九年度（九月至隔年八

月）間，世界糖消費量平均每年成長約2％，但這個數字沒有反映近年來明顯減速的情況。自二〇一五／一六年度以來的五年中，平均成長僅為0.4％，而且據信二〇一九／二〇年度的消費會緊縮。與疫情有關的封城措施導致世界各地不少旅宿業與食品服務業關閉。在歐洲，這些部門占了約25％的糖消費量。

　　多數國家的本地供給漸漸都能滿足新增的消費需求，不過，某些國家如印尼和部分北非國家卻愈來愈依賴進口。印度是世界上最大的糖消費國，二〇一九／二〇年度的消費量高達2700萬噸（見表4.19），不過，近幾年印度的消費成長率遠低於中國，只是，印度不同年度的糖消費量差異甚大，主要取決於國內收成情況與價格。然而，至少現在在都會區，有跡象表明人們愈來愈意

表4.19／主要糖消費國*

	二〇〇九／一〇年		二〇一九／二〇年	
	百萬噸	總數的%	百萬噸	總數的%
印度	22.5	14.5	27.0	15.8
歐盟	17.6	11.4	18.3	10.7
中國	14.3	9.2	15.4	9.0
美國	10.1	6.5	11.2	6.5
巴西	11.8	7.6	10.7	6.2
印尼	4.7	3.0	7.4	4.3
俄羅斯	5.7	3.7	6.1	3.6
巴基斯坦	4.1	2.6	5.6	3.3
墨西哥	4.9	3.1	4.7	2.8
其他	59.3	38.2	64.5	37.8
合計	155.0		170.9	

＊九月三十日為年底
資料來源：國際糖組織、美國農業部

識到與攝取糖相關的健康風險。根據印度的全國製糖企業聯合會
（National Federation of Sugar）數據，該國的人均年度糖消費量從
二〇一四／一五年度的20.5公斤降至二〇一七／一八年度約18.5
公斤。儘管如此，人口成長與都市化（這與消費更多加工的、依
賴糖的食品相關），預示著糖的消費水準可能會繼續攀升。

中國的糖消費在二〇〇〇年至一〇年期間飛快成長後，上升
速度已經放緩，且以工業化國家的標準來看，中國的人均消費量
仍然很低。近年來，人造增甜劑愈來愈受到歡迎，而中國是糖精
的大型生產國之一，相比之下，它得要進口糖來滿足這個需求。

對健康的重視也抑止了糖的消費量在歐盟的成長，該區域政
府頒布愈來愈多政策，阻擋人民消費含糖量高的產品。西班牙跟
英國對含糖飲料徵稅，德國政府呼籲食品及飲料製造商主動減低
其產品的含糖量。

近幾年來，中東地區的需求穩定成長，很多漠南非洲國家
（除了南非及其產糖鄰國）對糖的需求也長期超過供給。

貿易：主要參與者

四大參與者——巴西、泰國、澳洲和瓜地馬拉——的出口量
通常約占世界出口量的三分之二，剩下的來自一些中小型供應
國，這些中小型供應國能發揮降低供給波動性的功能。印度和歐
盟在收成良好的年度也是重要的供給者。

世界上大約有五分之一（二〇一九／二〇年度為19.7%）的
產量是用來出口，由於生產國的國內消費持續成長，出口和生產
的比率穩定下降。一九九〇年代末期，因貿易自由化的緣故，運

輸量快速成長，不過，近幾年因需求成長集中在生產過剩的國家，所以運輸量成長漸漸趨緩。出口主要包含粗糖（未經精煉的蔗糖）和白糖（主要是從甜菜提煉，但也有一些是粗糖精煉而來）。粗糖的出口向來是受巴西、澳洲、泰國、瓜地馬拉、南非和古巴等國家支配，白糖則是受巴西、歐盟和泰國支配，另外，在收成良好年度，印度的影響力量也不容小覷。

印度政府透過政府與政府之間的交易以及向工廠提供間接出口補貼，積極促進出口。（由於印度政府提供價格保證，使印度市場供過於求。）然而，由於國內的價格遭受人為因素哄抬，使其很難在價格上與全球競爭。二〇二〇年十月，印度政府（它必須遵守世界貿易組織的規定，在二〇二三年之前逐步移除補貼政策）表明，除非全球的糖價從目前的水準往下降，否則（逐步移除）出口補貼的方向不會變更。然而，這是一種政治敏感的作物，如果價格回落，補貼很可能恢復。

近幾年來，印尼已經成為最大的糖淨進口國。二〇一五至二〇年其間的年消費量快速成長5％。然而，印尼雄心勃勃地提高生產量，但也積極想降低人均消費量，故未來幾年的進口需求可能下降。相比之下，中國減少了對進口的依賴，從二〇一五／一六年度的610萬噸減少至二〇一九／二〇年的435萬噸（見表4.20）。中國透過配額、許可證和關稅制度來控制進口量。更宏觀來看，進口國減少對進口依賴的努力，表示世界糖貿易量占糖總產量的比重會逐年降低，除非是在上述進口國收成嚴重短缺的年度。

表4.20／主要出口國及進口國二〇一九年度

	出口			進口	
	千噸	總數的%		千噸	總數的%
巴西	19,280	36.2	印尼	4,758	9.2
泰國	7,000	13.1	中國	4,350	8.4
印度	5,800	10.9	美國	3,705	7.2
澳洲	3,600	6.8	阿爾及利亞	2,470	4.8
瓜地馬拉	1,947	3.7	孟加拉	2,345	4.5

資料來源：美國農業部

產量及庫存

世界上大約有80％的糖來自甘蔗，主要是種植在拉丁美洲、東南亞、漠南非洲國家及澳洲等熱帶地區。甘蔗作物種植後，必須經過十二至十八個月才能收成，但最久七年後才需要重新種植。如果氣候良好，某些國家一年甚至可收成一次以上。其他供給來自甜菜，它是在春季播種，十月以後收成，主要種植在歐洲、獨立國協國家和北美洲的溫帶地區。少數幾個橫跨亞熱帶及溫帶的國家如美國和中國同時有種植甜菜和甘蔗。

近幾年來，甘蔗占糖供給的比重大幅上升，這主要是因為印度和巴西的甘蔗產出大幅增加，而歐盟的甜菜產量降低。不過，由於巴西酒精產業也競相採用甘蔗作為原料，故這幾年蔗糖的成長率遂漸漸降低。此外，俄羅斯努力設法降低進口，擴大國內種植面積，也讓全球甜菜的收成量得以維持穩定。

糖的全球產量取決天氣狀況，每年都不穩定，但在二〇〇九／一〇年度以來的十年，年均成長率為1％。二〇一八／一九年

度和二〇一九／二〇年度的全球產量降低了將近8％，由於天氣因素，印度和泰國的供給量下降，但在這之前的二〇一七／一八年度可是大豐收年。

　　巴西和印度激烈競爭世界產量冠軍的寶座。歷來巴西是最大的糖生產國，但印度產量在過去十年迅速成長。雖說如此，巴西仍在二〇一九／二〇年度端坐冠軍寶座，占全球總產量的11％（見表4.21）。巴西的大多數工廠都配備生產糖和酒精的設備，會根據糖、酒精和原油動態的價格與需求決定生產哪一種產品。二〇二〇年，由於疫情導致運輸需求大幅滑落，油價暴跌，甘蔗製成糖的比例激增。

表4.21／主要糖生產國*

	二〇〇九／一〇年		二〇一九／二〇年	
	百萬噸	總數的%	百萬噸	總數的%
巴西	35.3	15.3	30.1	11.1
印度	28.9	12.5	27.4	10.1
歐盟	21.7	9.4	20.5	7.6
中國	16.7	7.2	20.2	7.5
泰國	9.5	4.1	16.6	6.1
美國	11.6	5.0	12.7	4.7
印尼	5.5	2.4	9.3	3.4
俄羅斯	6.1	2.7	8.5	3.1
巴基斯坦	5.0	2.2	7.3	2.7
其他	90.9	39.3	117.8	43.6
合計	231.2		270.4	

*九月三十日為年底
資料來源：國際糖組織、美國農業部

　　印度的年產量總是因季風的變化而起伏不定，差異甚大。在某些年度，印度是全球市場上的重要供給者，但有時它又會為了平抑國內價格而限制出口。印度政府設定了甘蔗的最低銷售價格，並且會購買糖作為庫存緩衝，這使得糖業種植部門效率低落，生產成本高於市價。為了減緩國內供給過剩的現象以及燃料的進口，政府近年來持續鼓勵轉作酒精的生產。

　　歐盟的甜菜生產在過去十年歷經巨大變化。為配合 WTO 規定而設計的改革計畫——降低受補貼的產出及出口——已促使產業明顯重組，整個產業變得更精實、有效率。隨後在二〇一七年，施行長達五十年的糖配額制取消後，導致市價明顯下降。隨後的幾年，產量有所回落，儘管這是出於極度乾燥的天氣和甜菜病毒爆發的緣故，但也跟價格低落脫不了關係。

　　二〇〇〇年至一二年期間，泰國因收成機制改善及壓榨能力的提升，大幅提高甘蔗產能和壓榨量能，目前已成為重要的出口國。中國也是重要的糖生產國，但近幾年產量停滯不前，適合耕種這類作物的土地有限，外加糖業種植歷來在中國由小農戶為主，使得效率並不容易提高。

　　依市值計算的話，最大型的專業產糖企業都位於生產國（見表4.22），而歷來消費國的企業都是大公司。

　　一直以來，政府為獎勵生產而給予補貼的作法讓全球庫存維持高檔，庫存量大致上約當全球三分之一的消費量。其中，由於印度的配銷系統龐大且複雜，所以特別需要高庫存，另外，歐盟和中國也為了管理內部市場而儲存一定的庫存量。二〇一〇至一八年之間的大部分時間，庫存穩步上升，在二〇一七／一八年度

表4.22／主要產糖企業（依市值），二〇一九年

企業	國家	金額（十億美元）
柯珊糖業（Cosan）	巴西	5.2
薩福拉集團（Savola Group）	沙烏地阿拉伯	5.0
蘇德佐克糖業（Sudzuker AG）	德國	3.7
中糧糖業	中國	2.5
DCM Shriram	印度	0.9
Balrampur Chini Mills	印度	0.6
帕里（E.I.D Parry）	印度	0.6
三井製糖（Mitsui Sugar）	日本	0.5
泰國國際糖業公司 （Kaset Thai International Sugar Corp）	泰國	0.5
江門甘蔗化工廠	中國	0.5

資料來源：彭博社

全球庫存達到年度消費量的30％以上，但此後又有所滑落。雖說如此，在供給吃緊的年度，庫存量仍能滿足需求量。

糖的市場

　　自由貿易、民營化及解除管制等種種努力（主要是在一九九〇年代進行）讓糖市場的透明度改善，然而某些國家的政府政策依舊扭曲了國內價格或最終使用者的支付價格。世界各地很多農業交易所都有粗糖交易，但最常被引用或被作為標竿價格的，當屬美國洲際交易所（Intercontinental Exchange，簡稱ICE）現貨及期貨價。國際糖協議（International Sugar Agreement）的每日報價也是一個公認的標竿。

價格趨勢

一九九〇年代的多數時間,世界糖價長期維持下降趨勢,並在二〇〇〇年代初期跌到歷史低點。然而,二〇〇七/〇八年度起的市場短缺導致庫存量大減、價格上漲,從二〇〇八至一一年間,糖的年度平均漲幅高達27%,到二〇一二年才開始下跌(見圖4.11)。二〇一七/一八年度大豐收,價格重挫。歷來,巴西是唯一能夠緩衝價格的生產國,因為價格下跌時,甘蔗生產商能夠將蔗糖的產能轉移到酒精的生產。然而,儘管巴西仍是市場上的重要參與者,但其市占率一直在下降,影響價格的能力亦然。印度的出口政策也是決定價格的需求以及供給的關鍵因素。投資人也發揮一定的影響力,因為糖是交易量相對高的市場。

二〇一九年,隨著市場上的供給小幅降低,價格上漲,但隨

圖4.11／糖庫存及價格

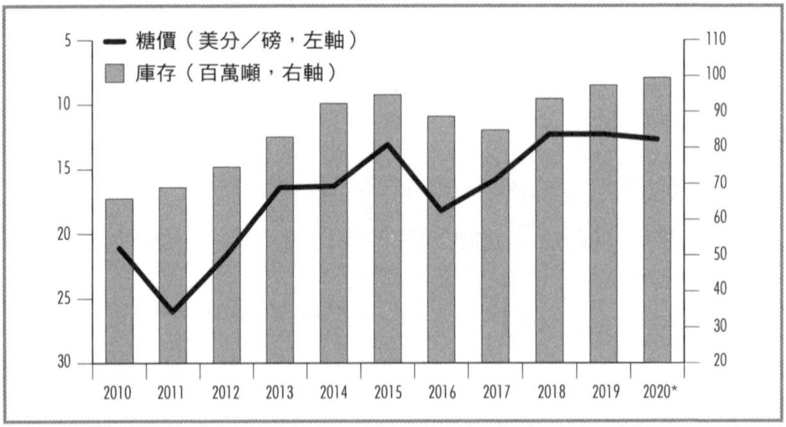

＊庫存數據為粗估

資料來源:國際糖組織、美國農業部

著疫情導致需求下滑、油價暴跌（對酒精的需求減少），糖價在二〇二〇年四月跌至十三年來新低每磅9.02美分。隨後，由於包括巴西、印度、泰國和歐盟在內的生產國的產量減少，以及對二〇二一年前景的樂觀看待，價格回升並在年底達到高峰。

未來展望

- 糖消費量——通常受供給牽動——成長雖降溫，但即使糖價高漲，需求卻還是持續成長。所以一旦供給恢復及價格回跌，有可能促使消費再度快速增加，尤其是開發中國家的飲料加工食品產業。

- 已開發國家對於肥胖問題的擔憂（這在開發中國家也漸漸成為重要議題）以及因甜食（儘管甜食不見得都是用糖製成的）而起的糖尿病發生率愈來愈高，可能對糖消費量形成限制。

- 巴西龐大的生質燃料動力／混合燃料汽車以及這些汽車對蔗糖製酒精的需求，將持續影響增甜劑產業取得甘蔗供給的能力。然而，這可能只是個短期問題，取決於汽車產業電動化發展的速度有多快。

- 甘蔗（甜菜亦然，但程度上較不顯著）也可以用來製造生物化學產品和生物塑膠，以作為石化產品的替代品。由於甘蔗是一種可再生投入原料，所以，這些生物化學製品產業可能會繼續成長，導致甘蔗供給壓力上升，價格上漲。

［小麥］

　　小麥是一種廣泛生長在世界各地的禾本科植物，不過它特別適合在溫和的氣候條件下生長。然而，特定種類的小麥可能適合在非常不同的溫度和降雨量條件下生長。小麥種類繁多，每一種分別被用來製成不同產品，不過，現代碾磨和烘焙技術讓這些差異變得愈來愈模糊。有些國家對某種特級（高蛋白質）碾磨小麥或用來製造義大利通心粉和北非古斯米（couscous）等的硬粒杜蘭（durum）小麥的需求特別高；這些種類（本地化）小麥的產量差異甚大，市場價格有時也明顯偏離一般品質的麵包用小麥價格。有些高收成率的低蛋白質小麥是專為飼料目的而栽種，不過惡劣的氣候可能導致所有種類的小麥都變得不適合碾磨成粉。

消費與貿易
區域趨勢

　　自一九六〇年以來，小麥的消費量增加了兩倍。從二〇一〇年至二〇二〇年間，世界小麥消費量平均年增率為 1.4％。人口成長是支撐世界食用小麥消費量的主要因素，但開發中國家飲食結構的轉變也是因素之一。傳統穀物如稻米、高粱等逐漸流失市占率，取而代之的是西式糕點和以小麥為基底的方便食品（像是

麵條）。在印度和孟加拉，透過公共分配制度，供應非常大量的小麥和稻米。

　　中國是世界最大的小麥消費國（見表4.23），在二〇一二／一三年度的消費量首度超越了歐盟。小麥消費的成長主要來自開發中國家，而由於無麩質或是低碳飲食漸漸風行，先進經濟體的消費量有下降的跡象，其中美國最為明顯。

表4.23／主要小麥消費國*

	二〇〇九／一〇年		二〇一九／二〇年**	
	百萬噸	總數的%	百萬噸	總數的%
中國	108.0	16.6	126.0	17.0
歐盟	125.1	19.2	122.5	16.5
印度	78.1	12.0	96.1	13.0
俄羅斯	39.6	6.1	40.0	5.4
美國	30.7	4.7	30.6	4.1
巴基斯坦	23.0	3.5	25.2	3.4
埃及	18.1	2.8	20.3	2.7
土耳其	17.1	2.6	19.9	2.7
伊朗	15.4	2.4	17.2	2.3
其他	195.3	30.0	244.0	32.9
合計	650.4		741.8	

＊本地貿易年度
＊＊粗估數
資料來源：美國農業部

　　在動物飼料用途的穀物中，小麥是僅次於玉米的第二大穀物。小麥的纖維含量低，蛋白質與澱粉含量相對較高，但相較於玉米，其能量值略低，主要用於豬隻與家禽的混合飼料中。歐洲和獨立國協國家有大量小麥被用來作為動物飼料，另外，亞洲某

些國家的飼料產業會在小麥價格有利於其營運時進口小麥。小麥也用於工業目的，主要是製造澱粉和酒精，尤其是在歐盟。人類食用用途約占小麥消費量的70％，動物飼料僅略高於20％，工業部門用掉3％，剩下的則是作為種子或者直接丟棄。

貿易：參與者眾多

世界小麥貿易量一直在成長，二〇一九年約占小麥總產量的24％，高於十年前的20％。小麥市場和許多其他原物料商品市場不同，貿易並不由幾個大的生產者或消費者所主導。天氣是決定供需的關鍵因素，所以一個國家可能在某年是大型出口國，但隔年卻需要進口。身為主食的小麥，在國內收成不好或國際市場價格高時，可能會受到出口限制。

中東和北非以麵包為主食的國家是小麥貿易市場上的重要參與者，它們進口非常大量的小麥，尤其是從俄羅斯、烏克蘭等黑海出口國進口小麥。埃及向來都是最大的小麥進口國（見表4.24），儘管它已經竭盡各種力量設法提高國內產量，但依舊供不應求，埃及小麥需求量居高不下的主要原因是它提供高額的麵包補貼，而這也讓它付出了非常大的代價。埃及的人均小麥消費量位居世界前幾名，而且還在上升。另外，由於阿爾及利亞人均消費量高但產量又有限，所以它向來極端仰賴小麥進口；土耳其的進口量有時也很大。

印度有時也是淨採購國，不過，這取決於其國內供給及庫存狀況。巴基斯坦通常都接近自給自足，不過偶爾也需要訴諸進口。二〇二〇年因為國內產量下降又需提升戰略儲備，以及食物

表4.24／主要出口國及進口國，二〇一九／二〇年

	淨出口			淨進口	
	百萬噸	總數的%		百萬噸	總數的%
歐盟	38,000	21.9	埃及	13,300	7.2
俄羅斯	34,237	19.7	印尼	10,800	5.8
美國	26,276	15.1	土耳其	10,718	5.8
加拿大	23,900	13.8	菲律賓	7,200	3.9
烏克蘭	21,100	12.2	巴西	7,200	3.9

資料來源：美國農業部

通膨加劇，使巴基斯坦成為大進口國。印尼是主要的進口國，因為本身沒有生產小麥，而近年來麵條和烘焙產品的需求隨著經濟成長而日益增加。

歐盟是主要小麥出口區，不過它缺少烘焙產業所需的高蛋白質小麥及高規格的杜蘭小麥，所以這類小麥也仰賴進口。

歷來，美國都是最大的小麥出口國，不過近幾年這個冠軍寶座曾幾番被俄羅斯（二〇一六年、二〇一八年）及歐盟（二〇一九年）攻占。美國的產量雖然增加，但大多用於滿足國內需求。此外，美國農民對種植黃豆銷往中國的熱中程度，也讓部分小麥的產量為此讓位出來。而歷來的低價也降低農民種植的誘因。儘管從一九九五年以來，美國就不再為小麥出口提供補貼，但競爭者仍宣稱美國提供的生產補貼制度、出口信用額度以及大型美國糧食援助計畫的某些層面是不公平競爭的手段。

阿根廷政府常意圖藉由實施出口關稅及限制小麥出口時機等方式來掌控市場（並增加財政收入）。二〇二〇年，浮動的穀物出口關稅從7％變成12％。

　　傳統的五大出口國／地區（阿根廷、澳洲、加拿大、歐盟和美國）的出口量，在一九九〇年代初期占世界總出口量的90％以上，不過，二〇一九／二〇年度，這幾國出口量的全球占比已降到約60％，主要是因為烏克蘭和俄羅斯的銷售量大幅增加。

產量及庫存

　　和所有農業原物料商品一樣，小麥供給取決於氣候條件，當然，產業投資──如肥料、殺蟲劑、灌溉和良好的儲藏設施等投資──也可能產生顯著影響。全球各地的收成率差異甚大，例如，紐西蘭平均每公頃的收成超過9噸，但俄羅斯或北非某些地區平均每公頃收成僅約2噸。一般來說，高蛋白質硬質小麥（通常在相對乾旱且夏季較短的條件下成長）的收成率比其他種類低，其他動物飼料用小麥品種的收成率較高。

　　二〇一九年世界小麥收成量估計約7.6億噸，創下歷史新高。歐盟的大豐年抵銷了澳洲因為乾旱導致的收成減少。歐盟仍是世界上最大的小麥生產地區，二〇一九年的收成量為1.55億噸（見表4.25），其中大約有三分之一是種植在法國。其他大型小麥生產國還包括德國、英國、波蘭、羅馬尼亞、義大利和西班牙。歐盟的產量通常都超過它的需求，歐盟向來也積極支持小麥的種植，甚至過去曾為了防止便宜的進口小麥流入而實施一些保護主義措施。

　　世界第二大小麥生產地區是中國，二〇一九年的產出大約1.34億噸；中國政府也積極支持小麥農。印度的收成起伏很大，有時甚至會成為淨進口國，近幾年因為種植面積增加、收成率提

表4.25／主要小麥生產國*

	二〇〇九／一〇年		二〇一九／二〇年**	
	百萬噸	總數的%	百萬噸	總數的%
歐盟	139.7	20.3	155.0	20.3
中國	115.8	16.8	133.6	17.5
印度	80.7	11.7	103.6	13.5
俄羅斯	61.8	9.0	73.6	9.6
美國	60.1	8.7	52.6	6.9
加拿大	27.0	3.9	32.7	4.3
烏克蘭	20.9	3.0	29.2	3.8
巴基斯坦	23.3	3.4	24.3	3.2
阿根廷	12.0	1.7	19.8	2.6
澳洲	21.8	3.2	15.2	2.0
合計	688.1		764.9	

＊主要收成於七至十二月之間
＊＊粗估數據
資料來源：美國農業部

高且政府提供誘人的支持價格，使其產量快速成長。然而儲藏能量有限的問題到目前仍未解決。

　　美國生產很多不同種類和等級的小麥，每一種都可供出口和國內消費。過去二十年間，由於農民轉作其他作物（尤其是玉米和黃豆）、政府減少支持（最值得一提的是長期休耕保育計畫〔Conservation Reserve Programme〕）以及出口市場上的競爭加劇等，使整體小麥種植量降低。

　　乾旱及霜害都會影響俄羅斯的小麥產量。不過，增加春季播種量可局部彌補上述兩個不利因素，只是，農民還是比較偏好種植大麥，較不喜愛春麥，因為前者的可靠度較高。儘管如此，俄

羅斯還是小麥貿易領域裡的重要角色。政府提供直接的價格給農民，而且不時會干預市場、限制出口，以維護碾磨小麥的國內供給量。二〇二〇年疫情爆發之後，基於對糧食安全的擔憂，農業部宣布在四至六月之間實施700萬噸的出口配額限制。烏克蘭的情況和俄羅斯很類似，收成隨時可能會受惡劣氣候影響而明顯降低。

　　近年來，全球小麥庫存（以每個國家各自的收成年度的年底數字衡量，因此並無法歸屬為任何一個日期）飆升，並有望在二〇一九／二〇年度創下略高於3億噸的新紀錄，相比十年前成長了50％。近年來，高庫存水位一直是價格低檔的主要因素。此外，考量到運輸技術的改良及新興出口國（如俄羅斯）供給的增加，世界究竟是否需要這麼高的小麥庫存以確保糧食安全值得思考。然而，這些庫存有將近六成控制在中國（50％）跟印度（8％）手上，所以實際上這些庫存並沒有在國際市場上流通。

小麥的市場

　　美國二號硬紅冬麥（Hard Red Winter wheat，蛋白質含量普通）的出口價格通常被視為市場代表，因為這種小麥任何時節都有生產，而且到處都有交易。杜蘭小麥（義大利通心粉用）和高蛋白質小麥的價格比較高，而製作餅乾用的白軟麥較便宜。飼料等級小麥的價格通常和飼料用大麥及玉米相當。芝加哥商品交易所、倫敦股票交易所及許多國家及地區的交易所都有小麥交易。

價格趨勢

　　小麥價格在全球金融危機期間劇烈下跌後，二〇一〇至一一年由於玉米供給短缺而反彈，小麥能取代玉米，而導致小麥庫存也減少。此後小麥價格大體上呈現下降趨勢（見圖4.12），主要是因為生產過剩且全球庫存穩步成長。俄羅斯和烏克蘭崛起成主要出口國也是壓低價格的因素之一。通常獨立國協國家的生產成本要低上許多，因為土地跟勞動力都比發達經濟體便宜。此外，盧布急貶也導致以美元計價的生產成本顯著降低。（這是很有關係的，因為小麥是以美元為基準交易的。）二〇一七至一八年價格微微上漲，但高庫存仍然限制了價格的漲幅。不過，在二〇二〇年下半年，因為氣候以及疫情導致的封控措施，使得小麥供給量減少，價格開始飆升。然而其中也有很大的投機因素在。

圖4.12／小麥庫存及價格

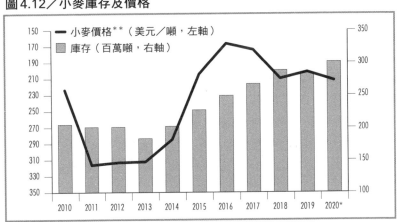

＊庫存數據為粗估
＊＊美國硬紅冬麥
資料來源：美國農業部、世界銀行

未來展望

- 隨著全球人口穩定成長、城市化的腳步以及開發中國家人均收入的提升，全球作為食用用途的小麥消費量很可能繼續成長。

- 生產力還有很大的提升空間，尤其是在獨立國協國家，這也表示供給是可以滿足需求的。

- 氣候變遷對所有農產品的供給構成威脅。在單一生產國，小麥的供給在不同年分就已經變動很大了。可能會改造種子以應對極端氣候的挑戰，如此一來，生產地也可能轉移到過往不適合種植小麥的地區。然而，這個轉變的過程可能出現劇烈動盪。

［ 詞彙解釋 ］

Acid leaching

酸滲濾　又稱酸溶出，一種利用酸溶劑（通常是硫酸）從礦石中萃取金屬的方法。

Alloy

合金　兩種或更多種金屬混合而成的金屬，合金的化學特性和其組成金屬不同。製作過程通常是將不同金屬熔解並趁著它們處於液體狀態時混合在一起。混合後的金屬漿冷卻變硬之後，就成為合金。

Austenitic stainless steels

沃斯田鐵系不鏽鋼　最常見的一種不鏽鋼，含有16％至25％不等的鉻、液態氮和鎳。沃斯田鐵系不鏽鋼特別耐腐蝕。

Backwardation

逆價差　又稱期貨貼水，當期貨價格低於現貨價時，這個市場就被稱為逆價差市場。

Bayer process

拜爾製程　從鋁礬土中萃取出氧化鋁的一種製程；這個製程包括在氫氧化鈉中清洗鋁礬土。酸能分解鋁和矽的氧化物，但並無法去除鋁礬土的其他成分，而這些成分是能加以分離並當作廢棄物去除的。接著，二氧化碳經由溶劑轉化為氣泡。二氧化碳會形成

一種弱酸，中和第一階段裡的氫氧化鈉，讓氧化鋁得以形成，但把矽留在溶劑中。接著，再將氧化鋁加熱到高溫狀態，以去除所有水分。

Brownfield development

棕色地帶開發　在已有其他礦物及基礎建設的地點進行進一步的開發。這種地點的開發成本（資金支出較少）通常較低，開發速度也較快。

Carbon capture and storage（CCS）

碳捕捉與封存　採集碳排放的流程，通常碳排放是火力發電廠製造的，將碳採集後並儲存起來，讓它不會進入空氣中。

Carryover

結轉額　某一年製造但未被消費掉，最後變成庫存的商品數量。

Coal bed methane (CBM)

煤層氣　從煤礦層或煤礦床採集出來的天然氣（澳洲稱之為煤層甲烷）。採集的方法是鑽井到含有煤礦層的岩層，不過因應煤礦床本質的不同，必須採用各種不同的技術，其中一種就是水力壓裂。

Commodity Exchange Inc.（COMEX）

紐約商品交易所　紐約商業交易所（簡稱NYMEX）的一個事業部，而紐約商業交易所又是芝加哥商品交易所集團的一員。

Commonwealth of Independent States (CIS)

獨立國家國協　一九九一年蘇聯瓦解後成立，成員國包括亞塞拜然、亞美尼亞、白俄羅斯、喬治亞、哈薩克、吉爾吉斯、摩爾多瓦、俄羅斯、塔吉克、土庫曼、烏茲別克及烏克蘭。

Contango

正價差　又稱期貨升水，期貨價格高於現貨價格的市場，就稱為正價差市場。

Cost, insurance and freight (CIF)

成本、保險及運費　在貨運業，如果是採用CIF條件報價，代表賣方將支付把商品運到彼此談好的港口所需負擔的全部成本，包括保險費。

Derivatives

衍生性金融商品　一種金融工具，其價值或價格是一種或多種標的資產如原物料商品、股票和匯率的函數（或從這些金融商品推演出來的）。這種金融工具通常是以合約的形式存在，而合約是由彼此同意這項衍生性投資標的之條件的買賣雙方所簽訂。

Electrolysis

電解法　在採礦時，以電流將礦石分解為其組成要素。

Exchange-traded fund (ETF)

指數股票型基金　持有特定一組標的資產（如一個原物料指數）的基金。ETF的股份也像一般企業股份那樣，在股票交易所掛牌交易。

Exogenous

外生變數　經濟學裡指未被考慮到的變動要素。

Fair trade

公平貿易　一個以協助開發中國家農民或勞工為他們生產的商品爭取較高價格或較佳貿易條件為宗旨的組織或運動，有時也會藉由改善勞動條件來幫助農民。「永續」也是它的重要目標之一。

Ferronickel
鎳鐵　一種含有鎳（通常占35％）及鐵（通常占65％）的合金。

Fiat currency
法定貨幣　政府或國家發行的貨幣或紙幣，無內在價值（intrinsic value）。

Fracking or hydraulic fracturing
水力壓裂　又稱液裂法，碎裂油頁岩以釋出天然氣或石油的流程，整個流程包括鑽井、高壓挹注液體到岩層中等。

Futures
期貨　期貨合約是指兩方（賣方及買方）共同議定在未來某個日期以特定價格購買或出售某項資產的協議。在原物料商品領域，期貨市場的形成最初是因為生產者想預先為自己生產的商品鎖定售價（這讓他們得以編訂預算，通常他們會接受一個足以支應成本並小有獲利的價格）。而對原物料商品的消費者（通常是製造業的公司）來說，期貨市場讓他們得以事先確認未來投入原料的價格，這當然也對預算的制訂很有幫助。

Genetically modified (GM)
基因改造　用來改變植物的去氧核糖核酸（DNA）的基因工程，主要目的通常是要讓植物的生產能力提高、抗病蟲害或能在極端氣候條件下生存。

Hall-Héroult process
霍爾－赫魯特製程　將氧化鋁製成鋁的主要製程。氧化鋁被溶於冰晶石中以降低熔點，接著，在所謂的霍爾－赫魯特電池中，讓熔融的氧化鋁通過電解程序來製造鋁。這種電池是一種襯碳反應

槽（扮演陰極），碳陽極則是浸泡到氧化鋁－冰晶石電解溶液中。

Hedging

避險 投資人保護自身免於因另一項金融交易而虧損的一種方法。在作法上，通常是針對相關證券建立一個抵銷性部位，而這些部位主要是期貨或選擇權合約。

Horizontal drilling

水平鑽井 傳統上，採集天然瓦斯和／或石油的方法是鑽鑿一個垂直的井。水平或定向（directional）鑽井是一種新的鑽井技術，它是藉由彎曲鑽井的方式來抵達非位於鑽井平台正下方的目標。這項技術讓人得以鑽鑿到以往被視為可望不可及的地點。

Hydrometallurgical process (HP)

濕法冶金流程 透過一系列化學流程取出礦石中的金屬成分，第一步是滲濾（利用溶劑〔通常是酸溶劑〕來分解礦石的各種成分）。

Imperial smelting process (ISP)

帝國冶煉流程 傳統上用來精煉鉛和鋅的方法。含有鉛、鋅甚至其他金屬的精礦被置入熔爐裡，過程中便可還原出鉛和鋅金屬。近幾年來，ISP已漸漸不受青睞，因為它耗用非常多能源。

Intercontinental Exchange Inc (ICE)

洲際交易所 一家美國企業，經營網路股票交易所。過去ICE的交易以能源產品為主，目前它在原物料商品市場仍占有重要的地位，現在也提供其他各種產品的交易。ICE旗下的洲際交易所歐洲期貨分所對咖啡、可可和糖市場影響力甚大。

Latin America

拉丁美洲　包括南美洲、墨西哥、中美洲和加勒比海國家。

Liquefied natural gas (LNG)

液化天然氣　將天然氣冷卻到-160°C後所製成的一種清澈液體。這個方法讓人可以輕易用液態模式運送天然氣，等到運抵目的地後，再轉回氣態。

London Bullion Market Association (LBMA)

倫敦金銀市場協會　黃金及白銀的櫃檯市場，位於倫敦。它的客戶包括各國中央銀行、採礦業者、精煉業者、貿易商以及金屬加工廠。

Margin requirement

最低保證金規定　買方投資期貨或選擇權以前，必須以現金或合格證券的形式預存的最低金額（作為擔保用）。

Marginal cost

邊際成本　生產者因一單位產出變化而產生的總成本變化。

Natural-gas-to-liquids (NGLs)

天然氣凝析液　從天然氣中萃取而來的液體，通常是在天然氣加工廠中進行。最常見的例子是乙烷、丙烷、丁烷和異丁烯。

Nearby futures

近期期貨　接近到期日的期貨合約。

New York Board of Trade (NYBOT)

紐約期貨交易所　位於紐約的一個原物料商品交易所，二〇〇七年被洲際交易所收購後，目前稱為美國洲際期貨交易所（ICE Futures US）。

New York Mercantile Exchange (NYMEX)

紐約商業交易所　芝加哥商品交易所集團旗下的原物料商品期貨交易所，目前NYMEX的多數交易已電子化，不過，還是有小規模的公開喊價作業（即實體交易廳）。

Organisation of Petroleum Exporting Countries (OPEC)

石油輸出國家組織　一九六〇年九月在巴格達由伊朗、伊拉克、科威特、沙烏地阿拉伯及委內瑞拉等國的代表共同成立，目的是為了協同反對降低跨國石油公司牌價的意見。後來這個角色逐漸演變，目前OPEC的主要作為是尋求藉由平衡全球石油供需，將油價維持在一個目標區間。這個組織雖訂定產量配額制度，但實際施行上偏向鬆散。

Original equipment (OE) battery

原始設備電池　獨立供應商（而非生產使用電池的商品的製造商）生產的電池，通常是替換用電池。

Over-the-counter (OTC) market

櫃檯市場　沒有正式交易所或交易廳且交易是透過電話或電子平台完成的市場。一般來說，OTC市場受監理的程度較低。

Quantitative easing (QE)

量化寬鬆　因中央銀行調整利率等傳統貨幣政策無法產生效果而採用的一種非傳統貨幣政策。量化寬鬆的形式有很多種，不過，主要都是以增加國內貨幣供給及促使經濟恢復成長為目標的一些擴張政策。

Remelt ingot

重熔鋁錠　鋁精煉業的產品之一，透過熔爐的電解槽虹吸而來

（沒有經過熔合或純化），並直接倒入可形成諸如標準鋁錠等鋁製品的鑄模中。重熔鋁錠本身也是原物料商品之一。

Renewable Fuels Standard (RFS)

可再生燃料標準 美國強制應摻入運輸用燃料裡的最低生質燃料比率之規定。

Shale gas

頁岩氣 在頁岩（紋理細密的沉積物）岩層裡發現的天然氣。

Solvent extraction and electrowinning (SX-EW)

溶劑萃取－電積 以滲濾（溶出）取代冶煉的流程，利用這個流程，便能在礦區生產精煉金屬，無須進一步加工。這個方法經常被用來取得氧化銅裡的銅，近幾年的使用愈來愈普遍，部分原因是它的成本較低。

South America

南美洲 不包括墨西哥、中美洲和加勒比海國家。

Sovereign wealth fund (SWF)

主權財富基金 一個擁有超額現金而且無負債的國家級政府所成立的基金。以原物料商品的案例來說，這種政府通常擁有非常高的原物料商品出口收入。而為避免這些出口收入造成國內經濟體系的通貨膨脹條件，或避免它導致本國貨幣大幅升值，這些政府會將超額收入暫時存放在主權財富基金裡，而這些基金通常會投資海外各式各樣的多元化資產。

Starter-lighting-ignition (SLI) battery

啟動、照明、點火電池　一種鉛酸蓄電池。

Superalloy

超合金　一種擁有優異特性的合金，尤其是在強度及抗腐蝕方面，廣泛用於航空產業。多數合金都含有鎳或鈷。

Tight gas

緻密氣　在極端不透水的堅硬岩石裡發現的天然氣。

［統計資訊來源］

BP Statistical Review of World Energy

英國石油世界能源統計回顧　英國石油公司（一家英國的能源公司）的一份年度刊物，其中包含能源市場基本面、價格和趨勢等廣泛的資料。

Economist Intelligence Unit (EIU)

經濟學人智庫　經濟學人智庫是經濟學人集團（The Economist Group）的一員，它提供有關世界各國、產業及原物料商品等的廣泛預測及顧問服務（見 www.eiu.com 及 www.store.eiu.com）。經濟學人智庫深入研究二十五種全球原物料商品，包括十四種能源及工業原料用原物料商品，還有十一種農業原物料商品。每個月都會針對每一項原物料商品發表月分報告，分析市場趨勢及兩年期的消費、產量、庫存及價格預測。

Energy Information Administration (EIA)

美國能源資訊局　美國能源資訊局是美國能源部的統計與分析機構，也是聯邦政府在能源統計與分析方面的首要權威，沒有政治色彩且旨在傳達公正的能源資訊以促進正確的政策決策。

International Cocoa Organization (ICCO)

國際可可組織　一九七三年成立的一個跨政府機關，總部位於倫

敦。它的成員包括可可生產國及消費國。最初成立的目的是意圖
影響可可的價格及供給，但它基本上並沒有達成「管理可可市
場」的目標，所以目前聚焦於可可市場的永續經營及公平貿易作
業。國際可可組織是可可統計資料的重要來源。

International Coffee Organization (ICO)

國際咖啡組織　成立於一九六二年的跨政府機關，位於倫敦。最
初的目的是試圖管理全球咖啡市場的價格及供給，不過目前主要
任務是促進咖啡經濟的永續經營發展。國際咖啡組織蒐集並發表
咖啡經濟的各層面資訊，是咖啡統計資訊的重要來源。

International Copper Study Group (ICSG)

國際銅研究組織　位於葡萄牙里斯本的一個跨政府組織（或稱論
壇），各國政府、採礦產業及銅消費者與會討論和銅有關的議
題。國際銅研究組織尋求提高全球銅市場的透明度，是重要的銅
統計資訊來源。

International Cotton Advisory Committee (ICAC)

國際棉業諮詢委員會　一九三九年於華盛頓特區成立的跨政府組
織，成員為棉花生產者及消費者。國際棉業諮詢委員會研究全球
的棉花經濟及市場情勢，是棉花統計資料的重要來源。

International Energy Agency (IEA)

國際能源總署　國際能源總署位於巴黎，一九七〇年代為回應石
油危機而成立，主要聚焦在確保平穩的供給。目前依舊以確保石
油進口國供給為主要目標，不過，現在已擴大職權範圍，將各式
各樣能源及其他與能源有關的領域——包括經濟發展及環境——
納入。國際能源總署尋求和非成員國（包括消費及生產國）之間
建立良好的關係。它的二十八個成員國全是OECD的成員國。

International Grains Council (IGC)

國際穀物理事會　一個有關穀物貿易合作的跨政府論壇。這個理事會是由穀物貿易協定（Grains Trade Convention，簡稱GTC）成立，負責監督或監視GTC的執行情況。國際穀物理事會是禾穀類植物、稻米和油籽統計資料的重要來源。

International Lead and Zinc Study Group (ILZSG)

國際鉛及鋅研究組織　一九五九年成立的一個跨政府機關，提供鉛及鋅市場的資訊與研究，以便監督國際鉛及鋅貿易，同時嘗試解決相關問題。它位於葡萄牙的里斯本，在聯合國的保護下進行營運。國際鉛及鋅研究組織是全球鉛及鋅市場統計資訊的重要來源。它的成員涵蓋了世界各地85％的鉛及鋅消費國及生產國。

International Nickel Study Group (INSG)

國際鎳研究組織　成立於一九九〇年的一個跨政府機關，位於葡萄牙的里斯本。它的成員包括主要鎳消費、生產及貿易國。國際鎳研究組織的目標是提供鎳市場的資訊，同時討論並嘗試解決任何可能的問題。

International Rubber Study Group (IRSG)

國際橡膠研究組織　成立於一九四四年的跨政府機關，位於新加坡。國際橡膠研究組織會發表全球橡膠（包括合成橡膠）產業的研究報告和統計數據。

International Sugar Organization (ISO)

國際糖組織　位於倫敦的一個跨政府組織，擁有八十五個會員。國際糖組織致力於研究並提供全球糖、增甜劑及酒精產業的統計數據。該組織主管國際糖協議，一度擁有控制價格（包括出口配額）的功能，不過目前這項功能已經不具效力，同時也放棄了這

方面的作為。

International Tin Association (ITA)

國際錫業協會 位於英國的非營利機關，代表錫產業。它的成員主要是採礦業者和錫精煉廠。國際錫業協會的目標是要藉由技術研究及商業開發等管道來促進錫的使用。它也彙整錫產業的統計資訊。

Johnson Matthey

強納生馬賽公司 一家英國的跨國性化學及貴金屬公司，定期發表貴金屬市場的研究及數據。

The Silver Institute

白銀協會 一九七一年成立於美國的一個非營利國際協會。它的成員包括採礦公司、精煉業者、貿易商和珠寶商。白銀協會以促進白銀的使用為宗旨，不過，它也提供非常實用的白銀市場供需趨勢資料。

US Geological Survey (USGS)

美國地質調查局 美國內政部（Ministry of the Interior）的一個部門，美國地質調查局匯集並發表公平的科學資訊。

US Department of Agriculture (USDA)

美國農業部 美國農業部負責美國在食物、農業、天然資源、偏鄉發展和營養方面的議題。它也提供免費且涵蓋範圍極廣的農業原物料商品資料，美國及其他國家的資料皆有。

World Bureau of Metal Statistics (WBMS)

世界金屬統計局 一九四七年成立於英國，是獨立的金屬商業資料來源。

World Gold Council (WGC)

世界黃金協會　一九八七年成立於英國的非營利組織，它的二十三個會員都是主要的金礦公司。世界黃金協會的宗旨是促進黃金在各個產業的使用，同時也提供有關黃金供給及需求和黃金投資趨勢等的詳細數據。